Rick Joyner

# DIE ZWEI BÄUME IM PARADIES

Schleife Verlag · CH-Winterthur

RICK JOYNER

# DIE 2 BÄUME IM PARADIES

Titel der Originalausgabe:
*There were two Trees in the Garden*


Published by MorningStar Publications, Inc.
Fellowship Church, 375 Star Light Drive
Fort Mill, SC 29715 USA
www.morningstarministries.org

Die bisherigen Ausgaben erschienen im Paperback-Format
1. Auflage Dezember 2007

Postfach 85, 8411 Winterthur, Switzerland
Tel. +41 (0) 52 2322424, Fax +41 (0) 52 2336082
E-Mail: publications@schleife.ch · www.schleife.ch
ISBN 978-3-907827-06-2

Die Bibelzitate in diesem Buch sind der Einheitsübersetzung der Bibel
in der 5. Auflage von 1988 entnommen.

Übersetzung: Barbara Baumhof
Lektorat: Michael Herwig
Umschlaggestaltung Pia Maurer

Satz und Druck: Schönbach-Druck GmbH, D-Erzhausen

# Inhaltsverzeichnis

# Vorwort

Das Buch «Die zwei Bäume im Paradies», ist der literarische Eckpfeiler aller weiteren Bücher von Rick Joyner und zugleich ein *prophetischer Leuchtturm* für die christliche Gemeinde.

Holzschnittartig wird darin die grosse geistliche Auseinandersetzung dargestellt, die sich hinter der sichtbaren Menschheitsgeschichte abspielt, aber auch hinter der Geschichte unseres eigenen persönlichen Lebens. Jeder von uns kommt in diesem Buch sehr real vor.

In Teil I beschreibt Joyner den grundlegenden Konflikt, der sich durch die Jahrtausende hindurchzieht, in Teil II die Kampflinie, wie sie durch unser eigenes Herz geht, und in Teil III den Sieg in Jesus, den wir ergreifen können.

Die zwei Bäume im Paradies – der «Baum des Lebens» und der «Baum der Erkenntnis von Gut und Böse» – repräsentieren dabei zwei völlig verschiedene Lebensweisen, ja ganze *«Stammbäume»*, welche Rick Joyner durch die biblische Heilsgeschichte hindurch verfolgt.

Letztlich sind es zwei *entgegengesetzte Quellen*, aus denen wir schöpfen können: die Quelle des lebendigen Gottes, die überall Heilung und Leben hervorbringt (Hesekiel 47,1–12; Offenbarung 22,1+2); und die Quelle des von Gott unabhängigen Menschen, der aus sich selbst heraus «erkennen» und wissen, bestimmen und machen will. Das Ende ist immer der Tod. Dabei treibt uns – wenn der Bruch mit Gott erst einmal geschehen ist – das sogenannte ethisch «Gute» genauso in immer weitere Gottesferne wie das offensichtliche «Böse».

Es ist ein besonderes *Geheimnis* um diesen *«Baum der Erkenntnis von Gut und Böse»*. Wie der Baum des Lebens steht er mitten im Garten Eden und ist zunächst einmal eine gute Schöpfung Gottes. Aber das Verbot Gottes, davon zu essen, setzt dem Menschen eine klare Grenze: Gott, der Schöpfer, allein bestimmt, was Gut und Böse ist, nicht der Mensch, das Geschöpf – und zwar in all seinem Leben und Denken, in seinem Tun und Lassen, in den Fragen von Abtreibung bis zur Gentechnik, in den Fragen der Ausländerpolitik bis zur Stellung zu Israel im Nahen Osten. Das Wohl des Menschen hängt davon ab, diese Grenze anzuerkennen und sich diesem Willen Gottes voll Vertrauen unterzuordnen.

Das *Essen vom Baum der Erkenntnis,* wozu die Schlange Adam und Eva und alle Menschen seither verführt hat, ist der luziferische Wille, «selber zu sein wie Gott» – selber zu bestimmen, was Gut und Böse ist. In demselben Augenblick, wo der Mensch diese Grenze überschreitet, d. h. diesen Aufstand gegen Gott begeht, fällt er aus der Gemeinschaft mit Gott. Jetzt ist er allein, dazu schuldig und nackt – und krampfhaft muss er nun versuchen, sein Leben und die Welt aus eigener Weisheit und eigener Kraft zu gestalten; dazu getrieben von dämonischen Mächten, welchen er sich durch seine Rebellion geöffnet hat. Das Ergebnis ist im Prinzip das, was wir Abend für Abend in der Tagesschau zu sehen bekommen.

Und noch etwas Grundlegendes geschieht: Die Notwendigkeit, von jetzt an selbst dauernd zu entscheiden, was Gut und Böse ist, wird zu einem *Beurteilungs-Zwang.* Jetzt *muss* der Mensch – losgelöst von Gottes Gnade – ständig selber urteilen und beurteilen, kritisieren und bewerten, anklagen und richten; nicht nur die anderen, sondern auch sich selbst – bis hin zu Selbstverdammnis. Er ist unter den *«Fluch des Gesetzes»* (Galater 3,13) gekommen.

*Was können wir tun,* die wir alle vom «Baum der Erkenntnis» gegessen haben? Das Problem ist: Wir können ja nicht einfach noch einmal bei Null anfangen. Bevor wir auch nur den ersten Gedanken denken, sind wir schon in dieser Finsternis gefangen. Aber wir können umkehren. Und bei Jesus heisst umkehren: *«Werden wie die Kinder»* – die Grenzen wieder annehmen, die Gott uns gesteckt hat; nicht mehr selber entscheiden wollen, was Gut und Böse ist, sondern Gott darin vertrauen; die Abhängigkeit von Gott als Kindes-Glück willkommen heissen. Umkehren heisst: heimkommen zum Vater. Und wie bei der «Geschichte vom verlorenen Sohn» wartet der Vater im Himmel mit offenen Armen darauf, dass eine ganze Menschheit, die vom Baum der Erkenntnis gegessen und sich von Gott losgerissen hat, wieder heimkehrt in diese Kindschaft.

Der Schlüssel dazu ist das *Kreuz,* an dem Jesus alles für uns vollbracht hat. Das Kreuz, aus Holz, ist *der wahre «Baum des Lebens».* Hier finden wir Vergebung für unsere Rebellion. Hier kommt alle Anklage zur Ruhe, auch alle Selbstverdammnis. Hier können wir bekennen, dass wir aus uns selber gar nicht wissen, was Gut und Böse ist. Hier nehmen wir unsere Grenzen an. Hier heilt der Riss in der Gemeinschaft mit Gott. Hier kommen wir nach Hause zu unserem Vater im Himmel. Hier werden wir als Gottes Kinder neu geboren. Hier bekommen wir ein neues und williges Herz. Hier ordnen wir uns gerne dem Willen Gottes unter. Hier lernen wir, auf Gottes Stimme zu hören. Und hier beginnen wir, uns Tag für Tag vom Heiligen Geist führen zu lassen.

Am Baum des Lebens essen wir vom Brot des Lebens: das ist *Jesus selbst.* Ein Tropfen von seinem Blut, ein Wort aus seinem Mund, eine Berührung durch seinen Geist schafft mehr Leben als alles, worum wir uns aus eigener Anstrengung bemühen.

Jeden Tag stehen wir vor der *Entscheidung,* von welchem Baum wir essen wollen: dem Baum des Lebens – Jesus selbst – oder dem Baum der Erkenntnis von Gut und Böse, wobei wir unser Leben selber bestimmen wollen. Von welchem Baum wir essen, dessen Frucht werden wir bekommen.

Wir freuen uns über dieses Buch von Rick Joyner, das uns die ganze Dimension dieser Entscheidung, vor der wir stehen, in all ihren Aspekten so deutlich vor Augen führt.

*Michael Herwig*

# TEIL 1

## *Der Konflikt durch die Zeitalter*

*Der Ratschluss des Herrn*
*bleibt ewig bestehen,*
*die Pläne seines Herzens*
*überdauern die Zeiten.*
*Psalm 33,11*

Kapitel 1

# Die zwei Bäume

*Gott, der Herr, liess aus dem Ackerboden allerlei Bäume wachsen, verlockend anzusehen und mit köstlichen Früchten, in der Mitte des Gartens aber den Baum des Lebens und den Baum der Erkenntnis von Gut und Böse* — *Genesis 2,9*

Im Garten Eden standen zwei Bäume, die den ganzen Lauf der Menschheit entscheidend beeinflusst haben – der Baum der Erkenntnis von Gut und Böse und der Baum des Lebens. Dieselben zwei «Bäume» stellen für uns bis heute eine Herausforderung dar. Wenn jemand Christus begegnet, nehmen die Herausforderungen des Lebens nicht ab. Ganz im Gegenteil, oft nehmen sie sogar zu. Wir werden uns oft zwischen den Früchten dieser Bäume entscheiden müssen. Zwischen diesen Bäumen liegt der Brennpunkt des Konflikts zwischen dem Reich Gottes und dem Reich der Finsternis.

Der Baum der Erkenntnis und der Baum des Lebens stehen für zwei geistliche Abstammungslinien oder auch «Stammbäume». Die Bibel ist, angefangen von Genesis bis zur Offenbarung, eine Geschichte zweier Geschlechter. Wenn wir begreifen, was es mit diesen Abstammungslinien auf sich hat, fällt es uns leichter, die am weitesten verbreiteten Irrtümer zu verstehen, denen die Menschheit bis heute zum Opfer fällt und durch die auch die Christenheit immer wieder in die Irre geführt worden ist.

Satan hat Eva mit der Frucht vom Baum der Erkenntnis nicht nur versucht, weil der Herr es verboten hatte. Er versuchte sie damit, weil in diesem Baum die Quelle für seine Macht lag. Des Weiteren hat Gott Adam und Eva diese Beschränkung nicht einfach auferlegt, um sie zu prüfen; er hat das Essen der Frucht verboten, weil er wusste, dass sie «giftig» war. Als Gott der Herr Adam anwies, nicht vom Baum der Erkenntnis zu essen, sagte er nicht: «Wenn du von diesem Baum isst, werde ich dich töten«, sondern: «An dem Tag, an dem du von diesem Baum isst, wirst du sterben.» Es war also nicht nur der Ungehorsam der Menschen, der den Tod auf die Erde gebracht hat; der Grund lag auch in der Frucht des Baumes.

Der Baum der Erkenntnis von Gut und Böse ist ein eindrucksvolles biblisches Bild für das «Gesetz». Der Apostel Paulus erklärte: «Die Kraft der Sünde ist das Gesetz.» (1 Kor 15,56b) Diese Aussage ist richtig, weil es stimmt, dass wir unsere Erkenntnis über Gut und Böse vom Gesetz ableiten. Wir werden nur so lange nicht verstehen, wie Erkenntnis uns den Tod bringen kann, bis wir ihre Frucht zu Gesicht bekommen haben. Die Erkenntnis über Gut und Böse tötet uns, indem sie uns von dem ablenkt, der die Quelle des Lebens ist: Der Baum des Lebens – Jesus. Der Baum der Erkenntnis bringt uns dazu, unsere Aufmerksamkeit auf uns selbst zu richten. Das Gesetz gibt der Sünde ihre Macht, weil durch das Gesetz nicht nur das Böse, sondern auch das Gute offenbar wird. Es gibt uns entweder dem Verderben preis oder macht uns selbstgerecht. Und beides führt zum Tod.

Es ist bezeichnend, dass dieser Baum in der Mitte des Gartens Eden steht (vgl. Gen 3,3). Ichbezogenheit ist das Hauptübel, mit dem uns der Baum schlägt. Das Erste, was Adam und Eva taten, nachdem sie die Frucht gegessen hatten, war, sich selbst anzuschauen. Davor merkten sie überhaupt nicht, dass sie nackt waren. Ihre Aufmerksamkeit war auf den Herrn gerichtet und auf das, wozu er sie erschaffen hatte. Nun, nach dem Genuss der Frucht, erkannten sie Gut und Böse und wurden dadurch gezwungen, sich an diesen neu gewonnenen Massstäben zu messen. Es gibt kein einfacheres Mittel, uns vom Baum des Lebens fern zu halten, als den Menschen dazu zu bringen, auf sich selbst konzentriert zu leben. Und genau das vollbringt das Gesetz. Deswegen hat Paulus es als «Dienst, der zum Tod führt» und als «Dienst, der zur Verurteilung führt» bezeichnet (2 Kor 3,7.9).

Wenn wir den Baum der Erkenntnis als das Gesetz definieren, beziehen wir uns dabei nicht nur auf das Gesetz des Mose. Oft denken wir, dass das Alte Testament Gesetz und das Neue Testament Gnade bedeutet, aber das ist nicht unbedingt wahr. Der Alte Bund ist der Buchstabe, der Neue Bund ist der Geist. Wenn wir das Neue Testament lesen und unser Herz am Alten Bund festhält, dann wird alles für uns Gesetz sein. Wir werden eine tote Religion haben, in der unsere Gerechtigkeit darin gründet, dass wir schriftlich niedergelegte Gebote erfüllen, und nicht wie im Neuen Bund, dass wir mit unserem Gott in einer lebendigen Beziehung leben.

Der Herr sagte, dass er uns seinen Geist senden wird, damit dieser uns in alle Wahrheit führt. Alle Wahrheit ist in Jesus; und der Geist wurde gesandt, um Zeugnis von Jesus abzulegen (Eph 4,21). Die Bibel ist eine der kostbarsten und wundervollsten Gaben, die der Herr seinem Volk gegeben hat. Doch niemals sollte die Bibel den Platz des Herrn oder den des Geistes, den er gesandt hat, einnehmen. Die Bibel ist ein Mittel, nicht nur ein Buch. Unser Ziel ist nicht, das Buch des Herrn, sondern den Herrn des Buches kennen zu lernen. Die vielen Irrlehren und Spaltungen im Leib Christi sind nicht auf Fehler in der Bibel zurückzuführen, sondern darauf, wie wir mit der Bibel umgehen. Einige der Gesetze und Prinzipien, die wir aus dem Neuen Testament herausgelesen haben, können es durchaus mit dem aufnehmen, was die Pharisäer mit dem Alten Testament gemacht haben! Das hat uns dazu geführt, unsere Glaubensreife daran zu messen, wie gut wir uns an die Buchstaben des Gesetzes halten. Wir werden aber nicht geistlich, indem wir uns irgendeiner äusseren Form angleichen, sondern nur dadurch, dass Jesus in uns Gestalt annimmt.

Der Herr hatte gute Gründe, uns anzuweisen, dass wir Menschen nach ihren Früchten beurteilen sollen. Denn man kann auch einen Papagei lehren, die richtigen Dinge zu sagen und zu tun. Oft kommt Satan als «Engel des Lichts» mit Schriftstellen, und häufig werden seine Werke mit dem Buchstaben des Gesetzes übereinstimmen. Aber Jesus ist der Einzige, der die Frucht hervorbringen kann, die *Leben* ist. «Denn der Buchstabe tötet, der Geist aber macht lebendig.» (2 Kor 3,6b) Wenn wir die Schrift mit Hilfe des Heiligen Geistes lesen, wird sie von Jesus Zeugnis ablegen und lebendig werden, denn die Schrift ist dazu da, Zeugnis Jesu zu sein. «Ihr erforscht die Schriften, weil ihr meint, in ihnen das ewige Leben zu haben; gerade sie legen Zeugnis über mich ab.» (Joh 5,39) Der Heilige Geist wurde gesandt, um uns durch die Schrift und in allen anderen Bereichen unseres Lebens zu Jesus zu führen. Wenn wir die Schrift ohne den Heiligen Geist lesen, werden wir nur Erkenntnis über Gut und Böse gewinnen, und das führt letzten Endes zum Tod. Satan kann zwar äussere Formen nachahmen, aber niemals die Frucht des Geistes, Jesus – den Baum des Lebens. Bis zu einem gewissen Grad kann der Mensch aus verschiedenen ichbezogenen und trügerischen Gründen sein äusserliches Verhalten ändern. Aber nur der Geist kann das Herz des Menschen verändern. Deshalb schaut Gott in die Herzen der Menschen und sucht, ob er dort irgendwo das Herz seines Sohnes findet.

Gottes erster Akt bei der Schöpfung war, Licht zu schaffen. Sofort danach trennte er das Licht von der Finsternis. Licht und Finsternis können nicht miteinander existieren. Wenn Gott einen Menschen neu schafft und dieser «wiedergeboren» wird (Joh 3,3b), fängt er sofort an, das Licht von der Dunkelheit im Leben jenes Menschen zu trennen. Aber wir sind in unserem Eifer für ihn kaum davon abzubringen, ihm dieses Werk schon wieder aus der Hand zu nehmen und es selbst zu tun; und zwar auf die einzige Art und Weise, die wir je kennen gelernt haben – durch unsere Erkenntnis von Gut und Böse. Dieser Kampf zwischen Gesetz und Gnade, zwischen Fleisch und Geist ist die Quelle der inneren Zerrissenheit, die die meisten Christen quält. Er ist auch der allerentscheidendste Punkt des

Konfliktes zwischen der Wahrheit, die die Menschen freisetzt, und den Lügen des Feindes, die sie unterdrücken und unterjochen sollen.

Am dritten Tag der Schöpfung stellte der Herr ein sowohl naturwissenschaftliches als auch geistliches Gesetz von entscheidender Bedeutung auf. Er legte fest, dass Bäume nur Früchte ihrer eigenen Art tragen und nur Samen ihrer eigenen Art bilden sollten (Gen 1,11–12). Die Früchte dieser beiden Bäume sollen für immer voneinander getrennt bleiben, was auch Jesus bezeugte:

«Es gibt keinen guten Baum, der schlechte Früchte hervorbringt, noch einen schlechten Baum, der gute Früchte hervorbringt. Jeden Baum erkennt man an seinen Früchten.» (Lk 6, 43–44)

Der Apostel Paulus erklärte weiter: «Was der Mensch sät, wird er ernten.» (Gal 6,7) Solange wir vom Baum der Erkenntnis essen, können wir keine Frucht bringen, die Leben ist. Genauso wenig wird es uns möglich sein, wenn wir vom Baum des Lebens essen, noch weiter die Frucht des Baumes der Erkenntnis hervorzubringen: Tod. Ein Baum kann nur Früchte seiner eigenen Art hervorbringen.

Bäume stehen in der Schrift zuweilen für Abstammungslinien. Damit Christus im Menschen Gestalt annehmen konnte, musste er seinen Samen in den Menschen legen. Denn entsprechend dazu war bei dem Sündenfall der Same der «Sünde» in den Menschen gelegt worden. Nur so war es möglich, dass der «sündige Mensch» im Menschen Gestalt annahm. Die Frucht eines Samens kann nur geerntet werden, wenn sie zuvor in den Boden gelegt wurde. Nachdem Adam und Eva vom Baum der Erkenntnis gegessen hatten, mussten sie die Frucht dieses Baumes auf ewig weitergeben. Dies hatte zur Folge, dass der Tod über alle ihre Nachfahren Macht bekam. Aber in seiner Gnade erbarmte sich Gott, um ihren Fehler wieder gutzumachen. Er legte einen Samen in die Menschheit, der in dem Menschen wieder den Baum des Lebens hervorbringen sollte, Jesus. In ihm sollte der Mensch wieder das wahre Leben haben. Sein Same ist ein geistlicher Same, der vom Heiligen Geist durch die Propheten gesät wurde. Kein Mensch hätte ihn je hervorbringen können. Aber Gott wollte, dass jeder Mensch diesen Samen empfangen kann.

Der Herr verhiess der Frau, die gesündigt hatte, dass aus ihr ein Nachkomme hervorgehen würde, der den Kopf der Schlange, die sie getäuscht hatte, zertreten würde (Gen 3,15). In ihren ersten beiden Söhnen, die sie zur Welt brachte, können wir die Sprösslinge der beiden Bäume unschwer unterscheiden.

Kapitel 2

# Die Nachkommen Kains

*Ich fürchte aber, wie die Schlange einst durch ihre Falschheit Eva täuschte, könntet auch ihr in euren Gedanken von der aufrichtigen und reinen Hingabe an Christus abkommen.* *2 Korinther 11,3*

Nachdem Adam und Eva gesündigt hatten, prophezeite der Herr, dass sich die beiden Samen in der Menschheit fortpflanzen würden: Es würde diejenigen Menschen geben, in denen sich das Wesen der Schlange entfalten würde, und diejenigen, in denen das Wesen Christi Gestalt annehmen würde. In Kain und Abel spiegeln sich unübersehbar diese beiden Wesenszüge wider und die Feindschaft, die zwischen ihnen herrschen soll. Die Schrift lässt uns in dieser Erzählung tiefe geistliche Wahrheiten über unser menschliches Wesen entdecken:

Kain ist in uns allen. Er war der Erstgeborene und steht als Bild für «den ersten Menschen, Adam». Sein Sinn war auf die Erde gerichtet, er war «Ackerbauer» (Gen 4,2). Die irdische Gesinnung ist eine der wesentlichsten Eigenschaften der Menschen, die ich als die Nachkommen Kains bezeichnen werde. Zu ihnen gehört jeder, der nicht aus dem Geist wiedergeboren wurde. Jesus sagte: «Wenn jemand nicht von neuem geboren wird, kann er das Reich Gottes nicht sehen.» (Joh 3,3b) Der Fluch, den Gott auf die Schlange legte, zwang diese dazu, auf ihrem Bauch zu kriechen und sich der Form der Erde anzupassen. Wie die Schlange können sich auch die Nachkommen Kains nur im Bereich des Natürlichen bewegen und müssen sich diesem Bereich anpassen. «Der irdisch gesinnte Mensch aber lässt sich nicht auf das ein, was vom Geist Gottes kommt. Torheit ist es für ihn und er kann es nicht verstehen, weil es nur mit Hilfe des Geistes beurteilt werden kann.» (1 Kor 2,14) In diesem Zustand befinden wir uns so lange, bis dieser Fluch in Christus weggenommen wird. Sobald wir durch seinen Geist von neuem geboren werden, beginnen wir damit, die himmlischen Bereiche zu sehen, uns in diesen Bereichen zu bewegen, und bleiben immer weniger auf den Bereich des Natürlichen beschränkt.

Die Nachfahren Kains sind in ihrer begrenzten Sicht der Dinge bis an den Punkt gekommen, die Schöpfung anstatt den Schöpfer anzubeten. Kain ist ein «Ackerbauer» – die Erde ist alles, was er sehen kann. Und wir beten nur das an, was wir kennen! Die fortgeschrittenen Stadien der «Selbstanbetung» werden im Materialismus und in verschiedenen humanistischen Lehren offenbar. Diese Denkrichtungen betrachten den Menschen als Mittelpunkt des Universums. Auch ein «religiöser» Mensch, der sich seiner Kirche oder überhaupt religiösen Institutionen mehr hingibt als Jesus, ist zu «einem, der das Geschaffene anbetet» geworden. Diese Haltung finden wir auch bei Spiritualisten, die nach Besserung, Erfüllung, Harmonie usw. streben, indem sie Einklang mit der Schöpfung anstelle von Einklang mit dem Schöpfer suchen.

Am Ende des geschriebenen Wortes Gottes, im Buch der Offenbarung, sehen wir, was zum Schluss aus den beiden Samen geworden ist, die in den Menschen gelegt wurden: Auf der einen Seite steht das «Tier» und auf der anderen Seite der verherrlichte Christus. Bis zu diesem Punkt können wir in der Schrift nur Entwicklungstendenzen der beiden Samen ausmachen. Aber hier wird uns auch ein kurzer Einblick in das Ende ihrer Entwicklung gegeben. Es ist von höchster Wichtigkeit, dass wir die Entwicklung und das endgültige Offenbarwerden dieser zwei Arten der Nachkommenschaft verstehen.

Johannes wurde die Offenbarung als «Zeugnis Jesu Christi» (Offb 1,1) gegeben und nicht nur als Abfolge der kommenden Ereignisse. Wenn wir die Offenbarung richtig verstehen wollen, müssen wir uns dies immer vor Augen halten! Zwar enthält diese Vision auch eine Abfolge von Ereignissen, aber diese werden uns mitgeteilt, damit uns in ihnen Christus geoffenbart wird. Der Apostel schrieb, dass dies alles «bald geschehen muss» (Offb 1,1). Schon bald danach ereigneten sich Dinge, die diese Prophetie bestätigten, und sie geschehen auch heute noch. Die Offenbarung des Johannes ist eine Offenbarung Jesu! Wenn der Geist uns die Augen öffnet, sehen wir durch all das, was uns als schrecklichste Verirrungen der Menschheit erscheinen mag, ihn und seine Absichten.

## Der «sündige Mensch»

In der Vision des Johannes geht es auch häufig um den Antichristen, den «sündigen Menschen». Der Antichrist ist die Verkörperung des sündigen Menschen, welcher unserem Wesen zutiefst entspricht, bis wir in Christus grundlegend verändert werden. Dieses zutiefst sündige Wesen ist die gereifte Frucht des Baumes der Erkenntnis. Die Wurzel und die Macht dieses «sündigen Menschen» geht von der Schlange aus; das «Tier» musste in seiner Fülle im Menschen offenbar gemacht werden, denn was gesät wird, muss auch geerntet werden. In diesem Tier können wir erkennen, wie wir uns entwickelt hätten, wenn Christus nicht gewesen wäre. Diese Offenbarung lässt uns erahnen, wie gross die unergründliche Gnade und das Erbarmen Gottes sein müssen und wie dringend wir es nötig hatten, in Christus wiedergeboren zu werden. Nur so konnten wir ein von Grund auf neues Wesen bekommen.

Im Buch der Offenbarung, im 13. Kapitel, Verse 16 und 17, heisst es, dass das Tier ein Kennzeichen hat, das es uns aufdrücken will. Im 14. Kapitel (Verse 9 und 10) lesen wir, dass schrecklicher Zorn über all die kommen wird, die das Kennzeichen annehmen. Die Menschen haben sich schon immer darum bemüht herauszufinden, auf welche Art und Weise das

Tier versuchen wird, ihnen das Kennzeichen aufzudrücken. Denn sie wollten wissen, vor was sie sich hüten müssen, um nicht den vorhergesagten Zorn auf sich zu ziehen. Manche dieser Menschen, die verzweifelt zu verstehen suchen, auf welche Weise das Tier versuchen wird, ihnen sein Kennzeichen aufzudrücken, bewegen sich täglich im Geist des Tieres! Es ist fraglich, ob wir von dem Fluch des Kennzeichens verschont bleiben, wenn wir uns zwar gegen das physische Kennzeichen wehren, unser Wesen aber von dem des Tieres nicht zu unterscheiden ist. Das Siegel (wörtlich «Zeichen»), das der Herr auf seine Diener legt, ist kein äusserlich sichtbares Zeichen, und das Kennzeichen des Tieres wird wahrscheinlich noch viel schwieriger zu erkennen sein, als man uns glauben gemacht hat. Aber egal, in welcher äusseren Form das Kennzeichen auch kommen mag (oder schon gekommen ist) – diejenigen, die am Wesen des Tieres, das heisst am Geist der Welt, Anteil nehmen, werden sich weder gegen das Kennzeichen noch gegen sonst irgendetwas, das vom Tier kommt, wehren können. Unsere einzige Chance, vor dem Zorn Gottes verschont zu werden, besteht darin, zu Christus zu gehören. Ein Kennzeichen anzunehmen, ist an sich keine Sünde. Die Sünde besteht darin, das Tier anzubeten. Das Kennzeichen ist nur das äusserliche Zeichen dafür.

Johannes sagt weiterhin: «Hier braucht man Kenntnis. Wer Verstand hat, berechne den Zahlenwert des Tieres. Denn es ist die Zahl eines Menschennamens; seine Zahl ist sechshundertsechsundsechzig.» (Offb 13,18) Die Zahl «666» wurde nicht willkürlich gewählt. Da der Mensch am sechsten Tag erschaffen wurde, wird die Zahl sechs in der Schrift oft symbolisch als Zahl für den *Menschen* verwendet. Diese Zahl lässt uns den Geist des Tieres näher erkennen. Es ist der Geist des gefallenen Menschen. In Vers 11 lesen wir, dass das Tier *«aus der Erde herauf(stieg)»*. Dieses Tier ist das Ergebnis davon, dass Kain und seine Nachkommen «Ackerbauern«, das heisst *irdisch gesinnt* sind. Das Tier ist die Verkörperung der Religion, die ihren Ursprung im Verstand des Menschen hat. Das Tier kommt im Gegensatz zu Jesus, der vom Himmel herunterkam, aus der Erde. Jesus konnte allein durch den Geist Gottes hervorgebracht werden. Das neue Jerusalem, das als Bild für die wahre Gemeinde, die Braut Christi steht, kommt ebenfalls vom Himmel herab und legt damit von ihrem himmlischen Ursprung Zeugnis ab. Sie ist von Gott geschaffen, nicht von Menschen.

Wenn wir uns auf unsere Erkenntnis von Gut und Böse verlassen, um das Tier auszumachen, werden wir leicht irregeführt werden. Denn das Wesen des Tieres wurzelt genauso sehr im «Guten», das im unerlösten Menschen ist, wie im Bösen. Satan kommt als «Engel des Lichts» oder als *Botschafter der Wahrheit,* denn das Gute war schon immer moralisch attraktiver als das Böse. Nicht der böse Wesenszug im Baum der Erkenntnis war es, durch den Eva getäuscht wurde, es war der Gute! Das «Gute» im Baum der Erkenntnis bringt genauso sicher den Tod wie das Böse.

In diesen letzten Tagen der Welt wird die böse Natur des Menschen wie auch das anscheinend «Gute» in ihm (das im gleichen Baum wurzelt) immer deutlicher erkennbar werden. In dem Mass, wie das Böse immer heftiger und offensichtlicher wird, wird diese eine Form des Guten immer trügerischer und raffinierter. Wie zum Beispiel würde man heute einem Staatsführer zujubeln, der sichere Strassen, eine solide Währung, die Beseitigung von Inflation, Arbeitslosigkeit, Pornographie und allen anderen Formen der Perversion sowie Wiederherstellung nationalen Ansehens und militärischer Stärke verspricht – und *all diese Versprechen wahrmachen würde?*

Adolf Hitler versprach alle diese Dinge einem von Krieg und Wirtschaftskrisen gebeutelten Deutschland und erfüllte jedes einzelne dieser Versprechen.

Milton Mayer beobachtete in *They thought they were free* (Sie dachten, sie wären frei): «Der Faschismus kam als ‹Engel des Lichts›, ... die Protestanten wie die Katholiken hiessen Hitler als Gabe Gottes willkommen. Man sah den Nationalsozialismus als Heilmittel für ein dem Niedergang geweihtes Land;

und für eine Mehrheit, die es nicht länger ertragen konnte, dass Perversion und Zügellosigkeit als Freiheit verkauft wurden, verkörperte er fast schon die Werte von Reinheit und Sittenstrenge.»

In Wirklichkeit benutzte Hitler auch die Kirche als ein Sprungbrett, um an die Macht zu kommen. Der Dekan des Magdeburger Domes freute sich an den nationalsozialistischen Fahnen in seiner Kirche und verkündete: «Wer dieses unser Symbol verschmäht, verschmäht unser Deutschland. Die Hakenkreuzfahnen um den Altar strahlen Hoffnung aus – Hoffnung, dass der neue Tag endlich anbricht.» Pfarrer Siegfried Leffler erklärte: «Hitler wurde in einer Zeit stockfinsterer Nacht in der Kirchengeschichte zu einem wundervollen Zeichen für unsere Zeit. Er wurde das Fenster unserer Generation, durch welches Licht auf die ganze Geschichte der Christenheit fiel. Durch ihn konnten wir den Erlöser in der Geschichte der Deutschen erkennen.» Pfarrer Julius Leuthäuser lehrte sogar, dass «Christus in der Gestalt von Adolf Hitler zu uns gekommen ist».

Ein grosser Teil, aber nicht die gesamte deutsche Kirche war in diesem Mass verblendet. Und die Verblendung der deutschen Gemeinden wird durch das ausserordentlich tiefe Verständnis, das Andersdenkende in der deutschen Kirche wie Dietrich Bonhoeffer von der Wahrheit hatten, in ein etwas besseres Licht gerückt. Das Leben Bonhoeffers ist eines der bekannten Beispiele des 20. Jahrhunderts dafür, wie einige wenige, die kompromisslos an der Wahrheit festhalten und ausschliesslich mit geistlicher Kraft gegen einen der mächtigsten politischen und militärischen Apparate aller Zeiten stehen, sich letzten Endes behaupten. Was man von Abel, dem Gerechten sagte, kann man nun von Bonhoeffer sagen: «Obwohl er tot ist, lebt sein Zeugnis weiter.»

Der Hauptgrund dafür, dass die Türen für diese schreckliche Täuschung geöffnet wurden, liegt darin, dass die deutschen Gemeinden nur ein oberflächliches Verständnis von Erlösung hatten. Das «Gute» im Menschen wird ihn nie von dem

Bösen erlösen können, das in ihm ist. Es handelt sich weiterhin um denselben Baum. Und seine Frucht wird immer Tod bringen. Das System, das die Christen in Deutschland anfangs für so gut hielten, schockierte die Welt durch seine bösen Taten; das Wesen des weltimmanenten Systems aber hatte sich nicht verändert. Das Gute im Menschen ist nur *die andere Seite* des Bösen in ihm. Und Satan benutzt auch das Gute, um seine Ziele durchzusetzen. Nur wenige Christen in Deutschland durchschauten diese Täuschung von Anfang an, und auch heute noch tarnt sich Satan auf die gleiche Weise. Unsere Fähigkeit zur Unterscheidung muss weiter reichen, als nur gut und böse auseinanderhalten zu können, wir müssen die Stimme des Herrn kennen und ihm allein folgen.

Milton Mayer fügte noch eine bedeutsame Einsicht über das Geschehen in Deutschland vor dem Krieg an: «Ich dachte und denke immer noch, dass es nicht einfach Deutsche waren, die mir begegneten, sondern *der Mensch schlechthin* (Hervorhebung durch den Autor). Diese Natur des Menschen wurde aufgrund bestimmter Umstände zufällig in Deutschland offenbar. Unter bestimmten Umständen hätte das Gleiche auch in den USA oder irgendwo anders passieren können. Unter bestimmten Umständen könnte sogar ich diese Verkörperung des Menschen schlechthin werden.» Die Wahrheit lautet nämlich, dass das gleiche «Tier» in uns allen ist. Es ist diese adamitische Natur, die uns fortlaufend ermuntert, vom Baum der Erkenntnis von Gut und Böse zu essen.

Die Tatsache, dass einer von sich behauptet, Christ zu sein, heisst noch lange nicht, dass er auch einer ist. Einige der schlimmsten Irreführer der Geschichte gaben vor, in Seinem Namen zu kommen. Der Herr selbst warnte uns: «Denn viele werden unter meinem Namen auftreten und sagen: Ich bin der Messias!, und sie werden viele irreführen.» (Mt 24,5) Manche haben diese Stelle so ausgelegt, als bedeute sie, dass viele kommen und behaupten werden, sie selbst seien der Christus, und dass sie auf diese Weise viele in die Irre führen. Aber das hat Jesus nicht gemeint. Er warnte uns davor, dass viele kommen und bekennen werden, dass Jesus der Christus ist und trotzdem die Leute in die Irre führen. Die Geschichte hat gezeigt, dass dies wahr ist. Verglichen mit manchen Despoten und Päpsten, die im Mittelalter geherrscht haben, könnte Hitler fast als Wohltäter erscheinen. Einige der schrecklichsten Gräueltaten, die je von Menschen begangen wurden, wurden von denen verübt, die im Mittelalter beanspruchten, *die Kirche* zu sein. Wir vergessen die Geschichte zu schnell, und Satan kommt weiterhin als Engel des Lichts und täuscht uns mit den gleichen Listen.

Wir Christen fühlen uns oft zu denen hingezogen und schätzen die am höchsten, die am konservativsten und sittenstrengsten sind. Jesus hat das nicht getan. Es waren nicht die Sünder, die den Herrn ans Kreuz geschlagen haben. Die sittenstrengsten und tüchtigsten Bürger Israels waren es, die ihn gekreuzigt haben. Zu solchen Leuten sagte Jesus, dass Zöllner und Dirnen eher ins Reich Gottes eingehen würden als sie. Aber diejenigen, die sich für «gute Bürger» oder für «Leute mit guten Moralbegriffen» halten, sind vom Reich Gottes vielleicht weiter entfernt als der letzte tief gesunkene Schuft. «Keiner tut Gutes, auch nicht ein Einziger!» (Ps 14,3b) Sünder und sogar Besessene haben sich vor dem Herrn gedemütigt; die religiösen und tüchtigen Bürger aber verachteten ihn, da sie ihn für weniger rechtschaffen hielten als sich selbst. Wer ist der Feind? Ich hörte einmal, wie ein Pastor, dem dies gerade aufgegangen war, die Bemerkung machte: «Wir sind dem Feind begegnet, und *der Feind sind wir!*»

In der heutigen Welt kämpft man für viele «gute» Dinge, die uns Christen aber oft nur von dem eigentlichen Ziel ablenken, weil sie unsere Aufmerksamkeit von unserer wahren Berufung abziehen. Im Normalfall besteht nicht der geringste Zweifel darüber, dass die Dinge, um die es geht, recht und richtig sind. Aber man geht damit nur die Symptome an – das Übel selbst bleibt unberührt. Homosexualität ist krasse Perversion, aber dennoch nur ein Symptom eines Problems, das viel tiefer liegt. Abtreibung ist furchtbar, aber ebenfalls nur ein Symptom.

Sogar Kommunismus und Faschismus in ihrer grausamsten und gewaltsamsten Form sind nur ein Symptom der Krankheit, welche die Seele des Menschen quält. Jahrhundertelang hat die Kirche der Welt Pflästerchen für eine tiefe tödliche Wunde angeboten. Aber der Mensch braucht mehr als nur Veränderung seines äusserlichen Verhaltens. Wir müssen aufhören, an den Ästen herumzuhauen, und müssen die Axt an die Wurzel des Baumes legen.

Das Wesen des Menschen muss sich verändern. In jedem Mann und in jeder Frau steckt das Wesen des Tieres, das versucht, alle Aufmerksamkeit und Anbetung auf sich selbst zu ziehen! Auch wenn ein Mensch voller Erbarmen ist und viel Gutes tut, ist dies oft nur ein Versuch, selbst für die eigene Bosheit Sühne zu leisten, damit man ruhigen Gewissens behaupten kann, dass man Christus und seine Sühnetat nicht benötigt. Das Gute im Baum der Erkenntnis hat uns schon immer effektiver vom Herrn fern gehalten als das Böse. Die Güte des Menschen kann die abscheulichste Äusserung seines Stolzes und seiner Rebellion gegen Gott sein. Der gesamte Baum der Erkenntnis muss mit der Wurzel aus unserer Seele gerissen werden.

Bevor Jesus offenbart werden konnte, musste die Botschaft der Busse gepredigt werden. Nur diese Botschaft konnte ihm damals den Weg bereiten, und nur diese Botschaft kann es heute tun. Busse zu tun bedeutet mehr, als Gefühle der Reue zu verspüren und nach einer Busspredigt nach vorne zu kommen. Echte Busse bedeutet, dass man sich mit aller Kraft von der Sünde *abkehrt*. Nicht nur die Dinge sind Sünde, die wir falsch gemacht haben, sondern unser ganzes Wesen ist Sünde – egal, ob die äussere Erscheinungsform gut oder ob sie böse ist. Wenn wir in Christus sind, dann bedeutet Busse zu tun, dass wir uns von *allem* lossagen, was wir sind: von unseren Sünden genauso wie von dem, was wir für unsere eigene Gerechtigkeit halten. Der Apostel Paulus hat dies in seinem Brief an die Gemeinde in Philippi klar und deutlich zum Ausdruck gebracht:

«Gebt Acht auf diese Hunde, gebt Acht auf die falschen Lehrer, gebt Acht auf die Verschnittenen! Denn die Beschnittenen sind wir, die wir im Geist Gottes dienen und uns in Christus Jesus rühmen und nicht auf irdische Vorzüge vertrauen, obwohl ich mein Vertrauen auch auf irdische Vorzüge setzen könnte. Wenn ein anderer meint, er könne auf irdische Vorzüge vertrauen, so könnte ich es noch mehr. Ich wurde am achten Tag beschnitten, bin aus dem Volk Israel, vom Stamm Benjamin, ein Hebräer von Hebräern, lebte als Pharisäer nach dem Gesetz, verfolgte voll Eifer die Gemeinde und war untadelig in der Gerechtigkeit, wie sie das Gesetz vorschreibt. Doch was mir damals ein Gewinn war, das habe ich um Christi willen als Verlust erkannt. Ja noch mehr: ich sehe alles als Verlust an, weil die Erkenntnis Christi Jesu, meines Herrn, alles übertrifft. Seinetwegen habe ich alles aufgegeben und halte es für Unrat, um Christus zu gewinnen und in ihm zu sein. Nicht meine eigene Gerechtigkeit suche ich, die aus dem Gesetz hervorgeht, sondern jene, die durch den Glauben an Christus kommt, die Gerechtigkeit, die Gott aufgrund des Glaubens schenkt.» (Phil 3,2–9)

Die Gerechtigkeit des Paulus, die im Gesetz gründete, brachte ihn in direkten Konflikt mit der Wahrheit. Er verfolgte wie alle anderen, die aus dem Gesetz leben, diejenigen, die in Wahrheit Gott anbeten. Und genauso wie Kain Abel nicht ertragen konnte, finden die, die aus ihrer eigenen Gerechtigkeit leben wollen, die Gegenwart derer unerträglich, die fest in ihrem Glauben an Jesus stehen. Die Gerechtigkeit Gottes, die allein in der Erlösungstat am Kreuz gründet, nimmt alle Masken weg und offenbart den Stolz des Menschen. Das Kreuz ist die grösste Bedrohung für die Ichbezogenheit des Menschen. Wie Paulus den Philippern erklärte, musste er alles aufgeben, was er war, um Christus zu erkennen. Als er die Gerechtigkeit Jesu begriffen hatte, erachtete er alles für wertlos, was ihm im Leben bisher so wertvoll gewesen war. Das ist ein untrügliches Zeugnis. Wenn wir erkennen, wer er ist und was er vollbracht hat, dann wird alles, was wir bisher vollbracht haben, weniger als wertlos. Der Königin von Saba stockte der Atem, als sie die Pracht des Salomos sah. Uns wird es – nur in noch viel stärkerem Masse – ähnlich ergehen, wenn wir Jesus sehen. Und das, was die grösste Bedrohung für unseren Eigenwillen war, wird für uns zu einer Quelle des Friedens und der Freiheit werden, die so tief ist, dass menschlicher Verstand es kaum erfassen kann.

Kapitel 3

# Das Opfer

*Angesichts des Erbarmens Gottes ermahne ich euch, meine Brüder, euch selbst als lebendiges und heiliges Opfer darzubringen, das Gott gefällt; das ist für euch der wahre und angemessene Gottesdienst. Gleicht euch nicht dieser Welt an, sondern wandelt euch und erneuert euer Denken, damit ihr prüfen und erkennen könnt, was der Wille Gottes ist: was ihm gefällt, was gut und vollkommen ist.* *Römer 12,1–2*

Die geistlichen Wurzeln von Kain und Abel lassen sich auch deutlich an den Opfergaben erkennen, die sie dem Herrn darbrachten. Kain brachte Weizen als Opfer dar. Weizen wird in der Schrift als Sinnbild für unsere eigenen Werke verwendet, weil der Boden nach dem Sündenfall verflucht wurde und der Mensch ihm deswegen nur durch Mühsal und Schweiss Ernte abringen kann (Gen 3,17–19). Der Weizen war eine Frucht von Kains Arbeit. Kain dachte, dass der Herr das Werk seiner eigenen Hände als Opfergabe annehmen würde. Und die Nachkommen Kains denken das immer noch. Alle, die keine Offenbarung über die Erlösung durch das Kreuz haben, werden immer wieder versuchen, das Gute und Böse in ihrem Leben im Gleichgewicht zu halten. Denn sie sind davon überzeugt, dass das Gute, das sie getan haben, das Böse aufwiegt und sie deshalb auch vor Gott gerecht sind. Sie verteidigen sich damit, dass sie doch eigentlich ganz nette Menschen sind, noch nie jemandem wehgetan haben, regelmässig in den Gottesdienst gehen, für die Mission spenden und so weiter. Wenn wir Gutes tun, um dadurch unsere bösen Taten auszugleichen, dann ist dies ein Affront gegen das Kreuz, und der Vater wird das niemals annehmen können. «Unsere ganze Gerechtigkeit ist wie ein schmutziges Kleid.» (Jes 64,4) Darin lag auch der Grund, weshalb der Herr das Opfer von Kains Werken ablehnen musste.

Abel dagegen brachte ein Blutopfer dar. Dies war gleichzeitig ein symbolisches Bild für die Erlösung durch Jesus. «Ohne dass Blut vergossen wird, gibt es keine Vergebung.» (Hebr 9,22) Der Herr nahm dieses Opfer an, und dies löste den Kampf zwischen den beiden Abstammungslinien aus, der bis zum heutigen Tag tobt. *Das Opfer ist der Auslöser, an dem sich der Konflikt entzündet.* Kain war so zornig darüber, dass der Herr Abels Opfer angenommen hatte, dass er seinen Bruder tötete. Die mörderische Natur der Nachkommen Kains ist in Wirklichkeit ein Verteidigungsmechanismus, der ihre Unsicherheit verbirgt. Die Selbstgerechtigkeit derer, die durch ihre eigenen Werke gerecht gemacht werden wollen, steht nicht sehr fest, und tief in ihrem Innern wissen sie es alle. Aus diesem Grund fühlen sie sich so leicht von jedem bedroht, der sie mit ihrer Selbsttäuschung konfrontiert.

Dies wird an Saulus von Tarsus vor seiner Bekehrung zum Paulus sichtbar. Er sagte selbst, dass er in der Gerechtigkeit, wie das Gesetz sie vorschreibt, untadelig war (Phil 3,6).

Als er aber mit der Wahrheit konfrontiert wurde, dass man nur durch Jesus gerecht gemacht wird, wurden die Grundfesten seines Lebens erschüttert. Voller Wut versuchte er, das zu zerstören, was er zu Recht als die grösste Bedrohung für seine eigene Gerechtigkeit erkannt hatte. Das Kreuz Jesu zerschlägt jede selbstgerechte Anmassung. Durch nichts wird die Erkenntnis von Gut und Böse so sehr bedroht wie durch das Kreuz. Der Zorn, den das Kreuz bei den Nachkommen Kains und denjenigen hervorruft, die sein Wesen in sich tragen, ist nur ein verzweifelter Versuch, sich selbst zu schützen. Paulus, der dieses Problem von beiden Seiten her kannte, sagte überzeugt: «So werden alle, die in der Gemeinschaft mit Christus Jesus ein frommes (gerechtes) Leben führen wollen, verfolgt werden.» (2 Tim 3,12)

Der Herr machte durch den Propheten Jesaja eine erstaunliche Aussage:

«Wer ist so blind wie mein Knecht und so taub wie der Bote, den ich sende? Wer ist so blind wie mein Vertrauter und so taub wie der Knecht des Herrn?» (Jes 42,19)

In einem Gespräch mit den Juden legte der Herr diese Offenbarung aus:

«Jesus antwortete ihnen: Wenn ihr blind wärt, hättet ihr keine Sünde. Jetzt aber sagt ihr: Wir sehen. Darum bleibt eure Sünde.» (Joh 9,41)

Saulus lernte diese Lektion auf der Strasse nach Damaskus. Bevor er wahrhaft sehen konnte, musste er mit Blindheit geschlagen werden. Genau das Gleiche wird früher oder später mit jedem passieren, der Jesus kennen lernt. Wie Saul für das Natürliche blind werden musste, um in den Bereich des Geistes sehen zu können, so muss es auch mit dem Kain in uns geschehen. Wenn wir glauben, dass wir sehen, dann bedeutet das nichts anderes, als dass unser sündiges Wesen immer noch in uns wohnt. Unsere Sünde kann nur durch das blendende Licht Jesu beseitigt werden. Solange wir nicht für das Natürliche blind geworden sind, werden wir nicht wirklich sehen können.

## Abel

Die Schrift gibt keinen Aufschluss darüber, ob Abel Kain Widerstand geleistet hat, aber wenn er wirklich die Natur Jesu verkörperte, dann tat er es nicht. Und genauso wenig sollen wir uns, wenn wir ihm treu sein wollen, gegen die Ungerechtigkeiten zur Wehr setzen, die uns angetan werden. Denn Jesus wies uns an:

«Ihr habt gehört, dass gesagt worden ist: Auge für Auge und Zahn für Zahn. Ich aber sage euch: Leistet dem, der euch etwas Böses antut, keinen Widerstand, sondern wenn dich einer auf die rechte Wange schlägt, dann halt ihm auch die andere hin. Und wenn dich einer vor Gericht bringen will, um dir das Hemd wegzunehmen, dann lass ihm auch den Mantel. Und wenn dich einer zwingen will, eine Meile mit ihm zu gehen, dann geh zwei mit ihm. Wer dich bittet, dem gib, und wer von dir borgen will, den weise nicht ab. Ihr habt gehört, dass gesagt worden ist: Du sollst deinen Nächsten lieben und deinen Feind hassen. Ich aber sage euch: Liebt eure Feinde und betet für die, die euch verfolgen, damit ihr Söhne eures Vaters im Himmel werdet; denn er lässt seine Sonne aufgehen über Bösen und Guten, und er lässt regnen über Gerechte und Ungerechte. Wenn ihr nämlich nur die liebt, die euch lieben, welchen Lohn könnt ihr dafür erwarten? Tun das nicht auch die Zöllner? Und wenn ihr nur eure Brüder grüsst, was tut ihr damit Besonderes? Tun das nicht auch die Heiden? Ihr sollt also vollkommen sein, wie es auch euer himmlischer Vater ist.» (Mt 5,38–48)

Der Herr hat uns dieses Gebot nicht nur zum Wachstum unserer geistlichen Tugend gegeben. Er hat es uns gegeben, weil dadurch, dass wir dem Bösen keinen Widerstand leisten, eine Kraft freigesetzt wird, die der Schlange den Kopf zerschmettert. Diese Kraft reisst das Böse mit der Wurzel aus, und zwar aus dem eigenen Herz wie auch aus dem Herz dessen, der uns angreift. Gott hat uns dieses Gebot gegeben, weil er uns davon abhalten wollte, das zu tun, wodurch das Böse sich vermehrt und immer weitere Kreise zieht. Wenn jemand einen anderen Menschen verbal oder körperlich angreift, wird Böses freigesetzt. Aber wenn dieses Böse die Geduld des Opfers, seinen Frieden oder seine Liebe nicht beeinträchtigen kann, die Liebe, die sich nicht zum Zorn reizen lässt, das Böse nicht nachträgt … alles erträgt und allem standhält (vgl. 1 Kor 13, 4–7), dann wird das zuvor freigesetzte Böse gebunden und ist damit besiegt. Jeder Angriff, den wir ohne Groll oder Wunsch nach Vergeltung auffangen können, beginnt in demjenigen das Böse aufzusaugen, der die Bosheit begangen hat. Und auch das in uns noch vorhandene Böse, das unbedingt zurückschlagen will, wird durch ein solches Verhalten immer mehr geschwächt. «Wenn dein Feind Hunger hat, gib ihm zu essen, wenn er Durst hat, gib ihm zu trinken; tust du das, dann sammelst du glühende Kohlen auf sein Haupt.» (Röm 12,20)

Dieses Prinzip ist für den *natürlichen* Menschen schwer nachzuvollziehen. Er denkt, dass ein solches Verhalten dem Bösen erst Tür und Tor öffnet; doch hier kommt noch ein viel höheres geistliches Prinzip zur Anwendung: Satan kann nicht Satan austreiben, Wut kann nicht Wut austreiben, genauso wenig wie Groll Zorn austreiben kann. Wenn wir auf Böses reagieren, vervielfachen wir die Macht des Dämons, den wir austreiben wollen. Aber «die Liebe deckt viele Sünden zu» (1 Petr 4,8). Jesus erklärte: «Wenn ich aber die Dämonen durch den Geist Gottes austreibe, dann ist das Reich Gottes schon zu euch gekommen.» (Mt 12,28) Jesus hat Satan besiegt, indem er ihm erlaubt hat, ihn ans Kreuz zu nageln. Aller Welt, mitsamt den Jüngern, schien es, als ob er der Geschlagene sei, nicht Satan. Und so paradox es erscheinen mag, durch die grösste Ungerechtigkeit, die die Welt je gesehen hat, wurde der grösste Sieg über das Böse errungen. Die Siege, die Gott erringt, sehen für den natürlichen Menschen fast immer wie Niederlagen aus.

Der Herr hat es für eine gewisse Zeit zugelassen, dass Paulus seine Kirche verfolgt und dabei viel in ihr zerstört hat. Viele der Verfolgten konnten das wahrscheinlich kaum verstehen. Aber der Herr wusste, was dies letzten Endes in dem Gefäss bewirken würde, das er erwählt hatte, seinen Namen zu «den Heiden, den Königen und den Söhnen Israels» zu tragen. Nachdem Paulus auf der Strasse nach Damaskus Jesus begegnet war, wandelte sich all sein Zorn in Demut und ein tiefes Verständnis der Gnade Gottes. Der, dem viel vergeben worden war, würde viel lieben. Nach fast zweitausend Jahren ist die Stimme des Apostels Paulus immer noch eine der kraftvollsten

Stimmen in der Welt. Die Kirche trauerte sehr über den Tod des Stephanus. Wenn sie geahnt hätte, welche Auswirkung sein Märtyrertod auf diesen jungen Mann, den «grössten aller Pharisäer», haben würde, hätte sie mit Sicherheit gejubelt. Der Herr sagte:

«Amen, Amen, ich sage euch: Wenn das Weizenkorn nicht in die Erde fällt und stirbt, bleibt es allein; wenn es aber stirbt, bringt es reiche Frucht.» (Joh 12,24)

«Kostbar ist in den Augen des Herrn das Sterben seiner Frommen.» (Ps 116,15)

Vielleicht werden wir selbst die Frucht weder sehen noch verstehen, aber jedes Mal, wenn wir unser Leben hingeben oder um des Herrn willen Verfolgung erleiden, wird ein Sieg über das Böse errungen, und aus dem Samen, der stirbt, wird eine ruhmreiche Ernte hervorgehen.

## Vergebung

Im Buch Genesis, Kapitel 4, lesen wir, dass das Blut Abels vom Ackerboden schrie (Gen 4,10). Dies war eine Prophetie, dass das Blut Jesu an einem bestimmten Punkt in der Geschichte der Menschheit mit der grossartigsten Botschaft von der Erde schreien wird, die die Schöpfung je hören wird. Jesus blickte nicht mit Zorn oder Vergeltungsgedanken vom Kreuz auf seine Peiniger nieder, sondern voller Erbarmen. Er betete: «Vater, vergib ihnen, denn sie wissen nicht, was sie tun.» (Lk 23,34) Und das waren keine leeren Worte, er meinte, was er sagte! Er wartet in diesem Moment nicht auf seine Wiederkunft, um sich doch noch zu rächen. Er hat ihnen vergeben. Er wusste, dass sie nicht wussten, was sie taten. Sie lebten in einer Dunkelheit, die nur durch die Kraft des Opfers, das er für sie bringen sollte, durchdrungen werden konnte. Durch die Mithilfe ihrer Hände wurde er zu diesem Opfer. Er kam nicht, um die Welt zu verdammen. Die Welt war schon verdammt. Er kam, um sie zu retten, und er hat uns den Auftrag gegeben, das Gleiche zu tun. Wenn dieser Auftrag durch uns erfüllt werden soll, dann müssen auch wir unser Leben hingeben.

Es ist nie einfach, die andere Wange hinzuhalten, wenn man angegriffen wird; nicht einmal für den Herrn war das leicht. Und auch die Hoffnung, dass dadurch unser Eigenwille vielleicht etwas mehr stirbt, wird uns nicht die Kraft dazu geben. Der Autor des Hebräerbriefes schreibt, dass es für uns nur einen Weg gibt, Ungerechtigkeit im rechten Geist zu erleiden, nämlich indem wir «dabei auf Jesus blicken, den Urheber und Vollender des Glaubens; er hat angesichts der vor ihm liegenden Freude das Kreuz auf sich genommen, ohne auf die Schande zu achten, und sich zur Rechten von Gottes Thron gesetzt. Denkt an den, der von den Sündern solchen Widerstand gegen sich erduldet hat; dann werdet ihr nicht ermatten und den Mut nicht verlieren.» (Hebr 12, 2–3) Als Stephanus Jesus erblickte, konnten nicht einmal die Steine, die ihn töten sollten, seinen Blick von Ihm ablenken. Als er Jesus sah, wurde er mit der Liebe Gottes so sehr erfüllt, dass auch er um Vergebung für seine Verfolger betete (Apg 7,54–60).

Wenn wir an Jesu Seite gehen wollen, dann müssen auch wir vergeben, wir haben keine andere Wahl. «Denn wenn ihr den Menschen ihre Verfehlungen vergebt, dann wird euer himmlischer Vater auch euch vergeben. Wenn ihr aber den Menschen nicht vergebt, dann wird euch euer Vater eure Verfehlungen auch nicht vergeben.» (Mt 6,14–15)

Wenn einer persönliche Ungerechtigkeit ohne Vergeltungsgedanken und Groll erleiden kann, dann ist das ein untrügliches Zeichen dafür, dass er schon an den Punkt gekommen ist, an dem er «in Jesus ist». «Wenn wir nämlich ihm gleich geworden sind in seinem Tod, dann werden wir mit ihm auch in seiner Auferstehung vereinigt sein.» (Röm 6,5)

Wenn wir wahrhaft mit Christus gekreuzigt worden sind, werden uns auch die schlimmsten Ungerechtigkeiten nichts ausmachen. Wenn wir mit Christus gestorben sind, sind wir für die Welt tot. Was in der Welt kann einen toten Menschen noch treffen? Ein toter Mensch kann unmöglich Vergeltung üben. Wenn wir für die Welt gestorben sind, was kann uns die Welt dann noch anhaben?

«Seid untereinander so gesinnt, wie es dem Leben in Christus Jesus entspricht: Er war Gott gleich, hielt aber nicht daran fest, wie Gott zu sein, sondern er entäusserte sich und wurde wie ein Sklave und den Menschen gleich. Sein Leben war das eines Menschen; er erniedrigte sich und war gehorsam bis zum Tod, bis zum Tod am Kreuz. Darum hat ihn Gott über alle erhöht und ihm den Namen verliehen, der grösser ist als alle Namen.» (Phil 2,5–9)

Wenn Jesus, der Herr, der Schöpfer und König des Universums, es zugelassen hat, um deretwillen erniedrigt zu werden, die ihn erniedrigt haben, um wie viel mehr sollten wir dann unsere Rechte um deretwillen niederlegen, die er mit seinem eigenen Blut erkauft hat? Der höchste König der Herrlichkeit wurde unseretwegen in der Zeit von seiner Geburt bis hin zu seinem Tod zum niedrigsten Menschen der Welt. Wie viel mehr sollten wir da bereit sein, seinetwegen jeden Anspruch auf Ehre oder Rang aufzugeben?

Im Alten Bund wurde uns geboten, unsere Nächsten zu lieben wie uns selbst. In Christus ist die Berufung viel höher. «Ein neues Gebot gebe ich euch: Liebt einander! Wie ich euch geliebt habe, so sollt auch ihr einander lieben.» (Joh 13,34) Jesus hat uns nicht nur so sehr geliebt wie sich selbst, er hat uns mehr geliebt als sein eigenes Leben. Und genau so sollen auch wir einander lieben.

Der Zorn Gottes wird sich über diese Erde ergiessen, und dies ist auch schon auf mancherlei Weise geschehen; aber es ist notwendig, dass wir diesen Zorn verstehen. Eifersucht ist sowohl ein Werk des Fleisches als auch ein Werk Satans (vgl. Gal 5,20 und Jak 3,14–15), und dennoch steht in der Schrift viele Male, dass Gott ein eifersüchtiger Gott ist. Ist der Herr nun dem Fleisch oder Satan anheimgefallen? Selbstverständlich nicht! Die Eifersucht Gottes ist nicht wie die Eifersucht der Menschen.

«Meine Gedanken sind nicht eure Gedanken, und eure Wege sind nicht meine Wege – Spruch des Herrn.» (Jes 55, 8–9)

Die Eifersucht der Menschen ist fleischlich, egoistisch und oft sogar dämonisch inspiriert. Gottes Wege sind höher als unsere Wege. Seine Eifersucht ist eine reine Eifersucht, die aus Liebe zu uns ausgelöst wird, nicht aus Selbstschutz. Und genauso wenig ist sein Zorn wie der Zorn der Menschen. «Gott ist Liebe«, und sogar sein Zorn gründet in dem, wie sein Wesen ist: *Liebe*. Oft deuten wir seine Wege aus der Perspektive unserer Wege, aber seine Wege sind unendlich viel höher. Dass wir ihn aus unserer Perspektive anstatt mit den Augen des Geistes betrachtet und beurteilt haben, hat uns oft dazu gebracht, die Schrift und die Pläne Gottes zu verdrehen.

Der Apostel Paulus ermutigte uns: «Erkenne die Güte Gottes und seine Strenge!» (Röm 11,22a) In unserem begrenzten menschlichen Verstand scheinen sich Gottes Güte und seine Strenge zu widersprechen. Das hat viele dazu gebracht, zu einem der beiden Extreme zu tendieren. Wenn man es aber mit den Augen des Heiligen Geistes betrachtet, ist in seiner Güte und seiner Strenge vollkommene Harmonie. Seine Wege sind höher als unsere Wege, und wenn wir seine Wege verstehen wollen, muss er uns hochheben, damit wir aus seiner Perspektive sehen können. Man kann ihn aus menschlicher Perspektive nicht richtig verstehen. Für die Welt ist das Kreuz Torheit, aber wenn der Herr unsere Augen öffnet, sehen wir darin eine Herrlichkeit, die alles menschliche Verstehen übersteigt.

Kapitel 4

# Die Ursache unseres zweigeteilten Sinnes

*Fehlt es aber einem von euch an Weisheit, dann soll er sie von Gott erbitten; Gott wird sie ihm geben, denn er gibt allen gern und macht niemand einen Vorwurf. Wer bittet, soll aber voll Glauben bitten und nicht zweifeln; denn wer zweifelt, ist wie eine Welle, die vom Wind im Meer hin und her getrieben wird. Ein solcher Mensch bilde sich nicht ein, dass er vom Herrn etwas erhalten wird: Er ist ein Mann mit zwei Seelen, unbeständig auf all seinen Wegen.* *Jakobus 1,5–8*

Es gibt gewisse charakteristische Merkmale, die sich heutzutage mit wachsender Häufigkeit im Menschen zeigen und die wir besser verstehen sollten. Keines dieser Phänomene ist neu, zentral ist nur, dass sie immer häufiger auftreten. Wie bei fast allen Problemen der Menschheit lässt sich auch ihr Ursprung auf den Baum der Erkenntnis zurückführen.

Jakobus schrieb, dass ein Mann mit zwei Seelen unbeständig auf all seinen Wegen ist (Jak 1,8). Dieser zweigeteilte Sinn bewirkt Unbeständigkeit und ist eines der heikelsten und tiefgehendsten Übel der Menschheit. Er wird immer häufiger und offensichtlicher offenbar. Es kann gut sein, dass dieser Faktor am stärksten zu der tiefen Dunkelheit und der «Zeit der Trübsal» beiträgt, die uns prophetisch für die letzten Tage der Welt vorhergesagt ist.

Was ist ein zweigeteilter Sinn? Wenn man zweigeteilten Sinnes ist, dann hat man mehr als einen Sinn oder mehr als eine Persönlichkeit. Ein geläufiger, moderner Begriff dafür ist Schizophrenie (und zwar nach traditioneller Definition; einige moderne Schulen haben sie inzwischen anders definiert). Wir neigen dazu, bei Schizophrenie immer nur an ihre extremsten Ausprägungen zu denken, an die, bei denen drastische Veränderungen in der Persönlichkeit auftreten. Diese Extreme sind oft dämonischer Natur. Aber es gibt Abstufungen dieses zweigeteilten Sinnes, die bei allen Menschen gefunden werden können, welche noch nicht von der fleischlichen Natur ihres gefallenen Menschen erlöst worden sind und deren Denken noch nicht in Christus erneuert worden ist. Wenn wir dazu neigen, zu Hause die eine Persönlichkeit zu haben, im Büro oder bei der Arbeit eine andere und wieder eine andere in der Kirche, dann ist dies ein Symptom dieses zweigeteilten Sinnes. Dies ist die Frucht des Baumes der Erkenntnis.

Jeder, der versucht, nach der Erkenntnis von Gut und Böse zu leben, wird zumindest graduell das Problem eines zweigeteilten Sinnes haben. Die Menschen sind nicht geschaffen, um mit dieser Erkenntnis leben zu können. Wenn wir es dennoch versuchen, verlieren wir unsere innere Stabilität. Vielleicht denken wir, dass solche Veränderungen normal sind und wir eben nur anpassungsfähig sind. Aber was die Welt als normal erachtet, ist nicht normal für jemanden, den Gott durch die Wiedergeburt von neuem geschaffen hat! Es gibt wohl willensstarke Leute, die sich situationsabhängiger Wandlungen der Persönlichkeit besser erwehren können als andere. Aber unter bestimmten Umständen werden auch sie sich beugen und anders sein, als sie tatsächlich sind. Die einzige Stabilität, die der Mensch für den Kern seines Wesens finden kann, ist der Fels Jesus.

## Ichbezogenheit

Eine der zentralsten Ängste, die den gefallenen Menschen quälen, ist die Angst vor Ablehnung. Diese Angst wurzelt zum einen in der Ichbezogenheit, die aus der Erkenntnis von Gut und Böse erwächst. Ein weiterer Grund dieser Angst liegt in der zwanghaften Neigung des Menschen, sich selbst nach dieser Erkenntnis bewerten zu müssen. Der dritte Grund für diese Angst ist in der Tatsache zu suchen, dass der Mensch so geschaffen ist, dass es «nicht gut ist, dass der Mensch allein bleibt». Diese Angst treibt uns dazu, uns in diejenige Person zu verwandeln, von der wir glauben, dass sie akzeptiert und anerkannt wird. Und diese akzeptierte Persönlichkeit wird von Gruppe zu Gruppe oder von Situation zu Situation zu einem gewissen Grad variieren. Mit jeder Veränderung, die wir an uns vornehmen, um uns an äussere Umstände anzupassen, geht ein schleichender Schwund der Festigkeit und Stabilität unserer Persönlichkeit einher. Schon bald haben wir keine Klarheit mehr darüber, wer wir wirklich sind, und können fast vollständig von äusseren Umständen gesteuert werden.

In unserer Zeit hat der Einfluss philosophischer und psychologischer Theorien ein noch grösseres Schwinden der Festigkeit der menschlichen Persönlichkeit bewirkt. In allen Dingen, die die Menschen vom Privatbereich bis hin zur internationalen Aussenpolitik unternehmen, werden diese Schwankungen immer deutlicher sichtbar. Beispielsweise lassen sich bei politischen Meinungsumfragen erstaunliche Schwankungen in der öffentlichen Meinung feststellen. Unsere Neigung, einen Standpunkt allzu leicht für einen anderen aufzugeben, ist ein verräterisches Zeichen dafür, wie schnell Menschen nicht mehr an dem festhalten, was sie wirklich glauben. Übernatürliche Kräfte sind am Werk, die innere Stabilität des Menschen erfolgreich zu untergraben. Diese Destabilisierung wird in der Zukunft eine ganze Lawine von Ausschweifungen nach sich ziehen; die Bibel nennt diese Zeit die schlimmste «Zeit der Trübsal», welche die Welt je gesehen hat.

Weil unsere Ureltern von der verbotenen Frucht gekostet haben, hat jeder Einzelne, der auf dieser Erde geboren wird, die innere Erkenntnis über Gut und Böse. Diese Erkenntnis hat bis zu einem gewissen Grad dazu beigetragen, dass der Mensch nach seiner Trennung von Gott nicht im tiefsten Chaos versunken ist. Aber sie ist weiterhin die Wurzel der inneren Unausgeglichenheit des Menschen und seiner Depressionen. Der Herr erklärte Kain: «Warum senkt sich dein Blick? (Oder: Warum bist du deprimiert?) Nicht wahr, wenn du recht tust, darfst du aufblicken; wenn du nicht recht tust, lauert an der Tür die Sünde als Dämon. Auf dich hat er es abgesehen, doch du werde Herr über ihn.» (Gen 4,6–7) Da Kain die innere Erkenntnis über Gut und Böse hatte, musste er auch danach leben. Das Gesetz ist in jedem Menschen. Wenn ein Mensch tut, was recht ist, dann fühlt er sich wohl. Wenn nicht, dann fühlt er Unstimmigkeit, egal, wie ernsthaft er versucht, es zu rationalisieren.

Dem gefallenen Menschen ist es nicht möglich, dieses in seinem Herz liegende Gesetz vollständig zu befolgen. Sigmund Freud erkannte, dass in dem Phänomen Schuld die Ursache der menschlichen Depression wurzelt. Jeder, der ehrlich nach Wahrheit sucht und nach der Wurzel der Verwirrung des Menschen forscht, wird auf das gleiche Ergebnis stossen. Leider konnte Freud nicht hinter den Baum der Erkenntnis blicken und vermutete deswegen, dass die Lösung des Problems in der Beseitigung der Frucht liegen würde, die das Problem verursacht. Anstatt zu lehren, dass man Freiheit von Schuld und der daraus resultierenden Depression finden kann, indem man das tut, was recht ist, begann Freud das anzugreifen, was seiner Meinung nach unrealistische Sittenlehren und Massstäbe waren. Und das tat Freud auf ausserordentlich subtile und wirksame Art und Weise. Viele der modernen Trends zur Gesetzlosigkeit lassen sich auf seine Lehren zurückführen. Sie haben die Tür zur tiefsten und dunkelsten Verderbtheit des menschlichen Herzens aufgebrochen. Wie Margaret Thatcher, die ehemalige britische Premierministerin, richtig erkannte, ist der «äussere Anstrich der Zivilisation sehr dünn». Durch Freuds

Theorien wurde der Prozess des Wegreissens dieser dünnen Schicht beschleunigt. Genau das hat der Psalmist einige tausend Jahre vor unserer Zeit vorhergesehen:

«Warum toben die Völker, warum machen die Nationen vergebliche Pläne? Die Könige der Erde stehen auf, die Grossen haben sich verbündet gegen den Herrn und seinen Gesalbten. ‹Lasst uns ihre Fesseln zerreissen und von uns werfen ihre Stricke!›» (Ps 2,1–3)

Freud hat genau erkannt, dass das Gesetz die Quelle der Depression des Menschen ist, da kein Mensch die Forderungen erfüllen kann; und die Folge der daraus entstehenden Schuld ist Depression. Paulus formulierte dies im Römerbrief im 7. Kapitel, Vers 19: «Denn ich tue nicht das Gute, das ich will, sondern das Böse, das ich nicht will!» Damit sagte Paulus, dass das Gesetz gut – er aber böse war. Er erklärte: «Ich weiss, dass in mir, das heisst in meinem Fleisch, nichts Gutes wohnt; das Wollen ist bei mir vorhanden, aber ich vermag das Gute nicht zu verwirklichen.» (Röm 7,18)

Dieser Konflikt brachte Paulus dazu, die einzig wahre Lösung für dieses Dilemma in Anspruch zu nehmen – Jesus. Freud dagegen hielt sich an das, was die Ursache für Tod und alles Böse ist, das dieser Planet je gesehen hat – die menschliche Vernunft. Anstatt sich nach dem auszustrecken, was der Herr für uns bereitet hat, um uns vom Gesetz und unserem dem Tod verfallenen Leib zu befreien, versuchte Freud, das Gesetz überhaupt abzuschaffen. Das ist natürlich unmöglich. Weil wir vom Baum der Erkenntnis gegessen haben, ist das Gesetz in uns allen. Es wird nie verschwinden. Wie der Psalmist erkannte, bringt es nur Aufruhr unter den Völkern, wenn man gegen das Gesetz angehen will. Je mehr wir versuchen, das Gesetz zu ignorieren, desto deprimierter und schizophrener werden wir. Das Denken, dass man «die althergebrachten Grenzen abschaffen» soll, durchdringt in irgendeiner Form jede Gesellschaft in der Welt. Die tiefe «Dunkelheit», von der gesagt wurde, dass sie über die Erde kommen werde, fängt schon an zu greifen (Jes 60,2).

Der Historiker Will Durant hat beobachtet, dass Gewohnheiten den Menschen gesund halten. Er formulierte es so: «Ohne gewohnte Geleise, an denen sich unser Geist leicht und unbewusst festhalten kann, werden wir immer unschlüssiger und unsicherer werden.» Genauso wie Zugschienen die Bewegungsfreiheit des Zuges wohl einschränken, würde er ohne sie nirgendwo hinkommen. Genauso wenig ist der Mensch wirklich frei, in dieser Welt ohne die Einschränkungen zu leben, die Gott ihm auferlegt hat. Genau die Schranken, die den Mensch begrenzen, setzen ihn frei, so zu sein, wie er geschaffen wurde. Wenn ein Zug versuchen würde, seine Schienen zu verlassen und querfeldein zu fahren, würde er sofort im Dreck stecken bleiben und nicht mehr funktionieren. Seit der Mensch sich entschlossen hat, seine «Schienen» zu verlassen, ist er mehr und mehr in allgemeiner Instabilität stecken geblieben. Die, die ihren eigenen Weg zur «Freiheit» wählen, werden regelmässig zu den gebundensten Menschen. Die Schienen von Gut und Böse frustrieren den Menschen. Sie sind aber das einzige Mittel, das ihn im Gleichgewicht hält, bis er zu Jesus kommt.

## Der Humanismus greift an

In den 50er-Jahren begann sich im Westen und besonders in den Vereinigten Staaten eine grosse Furcht vor dem Kommunismus auszubreiten. Aus dieser Zeit stammt eine Erziehungspsychologie, die in Kindern einen Charakter bilden wollte, der sich selbstwirksam gegen Tyrannei zur Wehr setzen würde. Diese Denkrichtung verherrlichte damit den Eigenwillen und das Geltendmachen der eigenen Rechte. Psychologen empfahlen Eltern, entgegen der Weisheit der Schrift ihre Kinder nicht zu züchtigen. Sie glaubten, Disziplin würde den freien Ausdruck und die unabhängige Entwicklung des kindlichen Willens behindern. Aus dieser Generation, die so kompromisslos in ihren Idealen hätte werden sollen, gingen genau jene rebellischen

Studenten hervor, die für die Kommunisten und Anarchisten der späten 60er-Jahre gehalten werden. Sie wurden zu genau den Feinden, gegen die sie sich nach dem Bestreben der elterlichen Erziehung eigentlich hätten wehren sollen! Die Eltern dieser Generation ernteten nur Hass und Verachtung. Warum?

Wieder gibt uns das Gesetz des Fleisches und der Gnade die Antwort: «Wer im Vertrauen auf das Fleisch sät, wird vom Fleisch Verderben ernten.» (Gal 6,8b) Nur wenn wir im Vertrauen auf den Geist säen, können wir das ernten, was vom Geist kommt. Eigenwille zu nähren heisst, Ichbezogenheit zu nähren; und Egoisten sind naturgemäss edler Gedanken und grossmütiger Taten kaum fähig. Sie kümmern sich ausschliesslich um ihre eigenen Bedürfnisse und Wünsche. Solche Menschen werden in Wirklichkeit am schnellsten von den Mächten und Mächtigen dieser Welt überwältigt. Da sie die Richtlinien gesunder Autorität in sich ausgelöscht haben, werden sie in der autoritärsten Herrschaft Sicherheit suchen. Jede Autorität, die schwach oder unentschlossen ist, wird verachtet und angegriffen werden. Ein Gewaltherrscher muss ihnen nur Sicherheit und die Befriedigung ihres Fleisches versprechen, und schon hat er ihre Ergebenheit.

Egozentriker sind nicht fähig, die höheren Dinge wie Liebe, Pflichtgefühl, Gerechtigkeit, Erbarmen oder gar Freiheit zu erlangen, selbst wenn sie dies vielleicht selber sogar predigen. Sie werden sich vielleicht für manch gute Sache einsetzen, aber die Grundmotivation solchen Engagements ist egoistischer Natur, wie zum Beispiel persönliche Anerkennung, Rebellion oder das Bedürfnis, zu einer starken gesellschaftlichen Gruppe zu gehören. Die Sache ist nur zweitrangig. Sich durch das Engagement bei einer ehrenhaften oder publikumswirksamen Sache persönliche Genugtuung zu verschaffen, ist nur ein Versuch, seine eigene Unmässigkeit etwas auszugleichen. Diese «Ich-Generation» ist gross geworden. Es ist fast völlig unverständlich geworden, persönliche Wünsche zurückzustecken, um ein wahrer Diener zu werden. Aber genau das ist der

Weg zur einzig wahren Freiheit, die wir je kennen werden – ein Diener Jesu zu werden. Solange er nicht der Mittelpunkt unseres Lebens ist, werden wir echte geistige Gesundheit oder echte Freiheit nicht kennen.

Der Mensch wurde als Abbild Gottes geschaffen und erkennt seine wahre Identität nur, wenn seine Beziehung zu Gott stimmt. Schizophrenie oder eine multiple (mehrgesichtige) Persönlichkeit wird durch ein frustriertes Identitätsempfinden ausgelöst. Die Schizophrenie des Menschen nimmt zu, je weiter er sich von dem wegbewegt, in dessen Bild er geschaffen war. Umgekehrt ist es so, dass wir, wenn wir uns Ihm nähern, klar erkennen, wer wir wirklich sind. Wenn wir uns ihm nähern, werden wir die festesten, entschlusskräftigsten und stabilsten Menschen werden, die die Welt je gesehen hat. Äussere Umstände und gesellschaftlicher Druck werden uns nicht länger beugen und bestimmen. Der Massstab des Einen, der in uns lebt, wird das Licht sein, aus dem wir leben. Jesus ist derselbe, gestern heute und in alle Ewigkeit. Er verändert sich nie! Und genauso wenig wird die Welt uns verändern können, wenn unser Geist derart umgewandelt worden ist, dass wir mit seinen Augen sehen, mit seinen Ohren hören und mit seinem Herz verstehen. Das Zeugnis des Gottes, der in uns lebt, wird grossartiger werden als jeglicher Druck, den die Welt auf uns ausüben kann. «*… denn er, der in euch ist, ist grösser als jener, der in der Welt ist.*» (1 Joh 4,4b)

Diejenigen, welche wirklich ihren Gott kennen, sind die zuversichtlichsten, liebevollsten und friedfertigsten Menschen auf der Erde. Der Herr sprach durch den Propheten Jesaja: «Seht her, ich lege einen Grundstein in Zion, einen harten und kostbaren Eckstein, ein Fundament, das sicher und fest ist. Wer glaubt, der braucht nicht zu fliehen.» (Jes 28,16) Jesus ist der Eckstein der Schöpfung. Er ist die einzige Grundlage des menschlichen Lebens. Wenn er seinen festen Platz in unserem Leben einnimmt, können uns weder die ganze Welt noch alle Mächte des Bösen aus der Ruhe bringen. Wenn wir unseren Gott wirklich kennen lernen und nicht nur Wissen *über* ihn angehäuft haben, dann können Veränderungen unserer Persönlichkeit nicht mehr von aussen, sondern nur noch von innen kommen. Seine vollkommene Liebe vertreibt alle Furcht. In ihm handeln wir nicht mehr aus der Angst vor Ablehnung oder der Angst vor irgendetwas anderem heraus. In ihm leben wir nicht aus Furcht, sondern aus Glauben.

Der Apostel Johannes legte klar und tiefschürfend den Unterschied zwischen den beiden Arten der Nachkommenschaft dar:

«Jeder, der von Gott stammt, tut keine Sünde, weil Gottes Same in ihm bleibt. Er kann nicht sündigen, weil er von Gott stammt. Daran kann man die Kinder Gottes und die Kinder des Teufels erkennen: jeder, der die Gerechtigkeit nicht tut und seinen Bruder nicht liebt, ist nicht aus Gott. Denn das ist die Botschaft, die ihr von Anfang an gehört habt: Wir sollen einander lieben und nicht wie Kain handeln, der von dem Bösen stammte und seinen Bruder erschlug. Warum hat er ihn erschlagen? Weil seine Taten böse, die Taten seines Bruders aber gerecht waren. Wundert euch nicht, meine Brüder, wenn die Welt euch hasst. Wir wissen, dass wir aus dem Tod in das Leben hinübergegangen sind, weil wir die Brüder lieben. Wer nicht liebt, bleibt im Tod. Jeder, der seinen Bruder hasst, ist ein Mörder, und ihr wisst: Kein Mörder hat ewiges Leben, das in ihm bleibt. Daran haben wir die Liebe erkannt, dass er sein Leben für uns hingegeben hat. So müssen auch wir für die Brüder das Leben hingeben. Wenn jemand Vermögen hat und sein Herz vor dem Bruder verschliesst, den er in Not sieht, wie kann die Gottesliebe in ihm bleiben? Meine Kinder, wir wollen nicht mit Wort und Zunge lieben, sondern in Tat und Wahrheit. Daran werden wir erkennen, dass wir aus der Wahrheit sind.» (1 Joh 3,9–19)

Diejenigen, die von Gott stammen, zeichnen sich durch Taten der Gerechtigkeit und durch Bruderliebe aus. Diese Gerechtigkeit basiert nicht auf dem Halten des Gesetzes, «denn durch Werke des Gesetzes wird niemand vor ihm gerecht werden» (Röm 3,20a), und «Christus ist das Ende des Gesetzes, und jeder, der an ihn glaubt, wird gerecht» (Röm 10,4). Jesus hat dem Gesetz kein Ende gemacht, indem er es abschaffte, sondern indem er es erfüllte (Mt 5,17). Er hat das vollbracht, was kein anderer Mensch hätte tun können. Durch die vollkommene Erfüllung des Gesetzes und durch das Sühneopfer, das er für unsere Sünden gebracht hat, ist er zu unserer Gerechtigkeit geworden. «Gerechtigkeit tun» heisst für uns vor allem, in ihm zu bleiben.

Dieser Glaube ist weder der Akt eines starken Willens, noch intellektuelle Bewertung und Übereinstimmung mit gewissen Tatsachen, sondern die Verfassung des Herzens. «Wer mit dem Herzen glaubt und mit dem Mund bekennt, wird Gerechtigkeit und Heil erlangen.» (Röm 10,10) Wir können dies nicht durch einen rein verstandesmässigen Glauben erlangen. Wahrer Glaube kommt aus dem Herzen, nicht aus dem Verstand, und kann nur durch die geistliche Wiedergeburt erreicht werden. Nur der Geist kann das hervorbringen, was Geist ist. Die fleischliche Natur des Menschen (Kain) steht mit dem Geist im Krieg. Nur wenn Christus in uns hervorgebracht wird, können wir in Einklang mit dem Schöpfer sein. Auch der energischste Akt menschlichen Willens kann das nicht vollbringen, wie auch der Apostel schrieb:

«Die Glaubensgerechtigkeit aber spricht: Sag nicht in deinem Herzen: Wer wird in den Himmel hinaufsteigen? Das hiesse: Christus herabholen. Oder: Wer wird in den Abgrund hinabsteigen? Das hiesse: Christus von den Toten heraufführen.» (Röm 10,6–7)

Wir können Christus nicht noch einmal herabholen. Errettung ist jenseits dessen, was Menschen erreichen können. Nur Jesus kann das Gesetz der Gerechtigkeit Gottes einhalten. Wenn wir unsere Aufmerksamkeit auf das Gesetz richten, wird unsere sündige Natur uns verzehren. Richten wir unsere Aufmerksamkeit aber auf ihn, werden wir in sein Abbild verändert werden, das Bild, das wir ursprünglich zu tragen geschaffen waren. In ihm ist keine Sünde. Wenn wir in ihm bleiben, wird keine Sünde in uns sein.

Als Jesus von einem Schriftgelehrten gebeten wurde, das höchste Gebot zu nennen, antwortete er: «Du sollst den Herrn, deinen Gott, lieben mit ganzem Herzen, mit ganzer Seele und mit all deinen Gedanken. Das ist das wichtigste und erste Gebot. Ebenso wichtig ist das zweite: Du sollst deinen Nächsten lieben wie dich selbst. An diesen beiden Geboten hängt das ganze Gesetz samt den Propheten.» (Mt 22,37–40) Wenn wir diese zwei Gebote halten könnten, würden wir das ganze Gesetz halten. Wenn wir den Herrn von ganzem Herzen lieben, würden wir sicher keinen Götzendienst mehr tun. Wenn wir unseren Nächsten lieben, gäbe es keinen Mord, wir würden ihn nicht um sein Hab und Gut beneiden, nicht mit seiner Frau die Ehe brechen usw..

Das ganze Gesetz wird durch diese beiden Gebote erfüllt. Liebe ist die Erfüllung des Gesetzes. Jesus ersetzte die Verbote des Gesetzes durch ein einziges Gebot: *Liebe.*

Wer von uns liebt denn den Herrn von ganzem Herzen – oder wenigstens seinen Bruder wie sich selbst? «Der Herr blickt vom Himmel herab auf die Menschen, ob noch ein Verständiger da ist, der Gott sucht. Alle sind sie abtrünnig und verdorben, keiner tut Gutes, auch nicht ein Einziger.» (Ps 14,2–3) Wir würden den Herrn ja nicht einmal suchen, wenn nicht er uns zu sich hinziehen würde. Wer unter uns ist denn nicht von der Liebe im 13. Kapitel des 1. Korintherbriefes überführt? Wenn wir in Ihm bleiben, sind wir gerecht. Jesus ist unsere Gerechtigkeit. Jesus ist die Liebe Gottes, die in unsere Herzen ausgegossen wurde.

Wir werden verwandelt, wenn wir die Herrlichkeit des Herrn vor Augen haben (2 Kor 3,18). Es geschieht nicht, indem wir ihn sehen und dann (durch den Baum der Erkenntnis) vergleichend auf uns schauen. Unsere Berufung ist nicht, Christus nachzuahmen, sondern *Christus in uns Gestalt annehmen zu lassen.* Wenn wir beginnen, Stück für Stück seine wahre Herrlichkeit zu sehen, werden wir sehr mit Staunen über ihn erfüllt sein, dass wir uns und unsere Errungenschaften weder wahrnehmen noch Interesse dafür aufbringen können. Als die vierundzwanzig Ältesten in der Offenbarung das Lamm sahen, legten sie ihre Kronen zu seinen Füssen nieder. Wer kann sich in seiner Gegenwart rühmen? Wenn wir anfangen, unsere Position in Christus zu definieren, werden wir sie allmählich verlieren. *Er* ist das vollendete Werk Gottes. Zu ihm wachsen wir hin. Es geht nicht darum, was wir sind, sondern darum, wer er ist. Er ist der Baum des Lebens. Wenn wir von ihm essen, werden wir in Ewigkeit leben.

Kapitel 5

# Babel

*Wo nämlich Eifersucht und Ehrgeiz herrschen, da gibt es Unordnung und böse Taten jeder Art.*
*Jakobus 3,16*

Der Turmbau zu Babel ist eine der deutlicheren Offenbarungen über das Wesen und die Motivation der fleischlichen Natur des Menschen. In einem Satz fassen die Männer von Babel die Beweggründe der irdisch gesinnten Menschen zusammen:

«Auf, bauen wir uns eine Stadt und einen Turm mit einer Spitze bis zum Himmel, und machen wir uns damit einen Namen, dann werden wir uns nicht über die ganze Erde zerstreuen.» (Gen 11,4)

Der Herr hat uns zu seiner Freude geschaffen, damit wir Gemeinschaft mit ihm haben und ihm dienen können. Die einzig wahre Erfüllung, die wir je finden werden, besteht darin, ihm zu dienen, aber die Frucht des Baumes der Erkenntnis hat uns fast vollständig zu uns selbst hin gekehrt. Das einzige Ziel des Menschen ist jetzt, sich selbst zu dienen, und das ist ein Bestreben, das unvermeidlich in grosser Frustration endet.

So lächerlich der Versuch auch erscheinen mag, einen Turm bis in den Himmel zu bauen – die Menschen haben nie aufgehört zu versuchen, ihn fertigzustellen. Die Geschichte besteht aus einer langen Abfolge unvollendeter Türme – die Trümmer von Bauwerken, mittels derer sich Menschen selbst einen Namen machen wollten; und der Versuche, sich um die verschiedensten Türme zu sammeln.

Traurigerweise scheinen Christen genauso entschlossen zu sein, ihre Türme in den Himmel zu bauen. Egal, wie fromm wir den Namen des Herrn auf unsere Werke schreiben – jedes Werk, das wir aus Ehrgeiz bauen, wird genauso enden wie der ursprüngliche Turm, nämlich in Verwirrung und Zerstreuung. Jakobus sagte sehr deutlich, Ehrgeiz sei eine «irdische, eigennützige, teuflische Weisheit. Wo nämlich Eifersucht und Ehrgeiz herrschen, da gibt es Unordnung (Verwirrung) und böse Taten jeder Art.» (Jak 3,15–16)

## Die Wurzel der Zerstrittenheit unter Christen

Der Herr sah auf die Menschen von Babel nieder und beschloss, dass es die beste Antwort auf ihre Torheit sei, ihre Sprachen zu verwirren. Babel bedeutet «Wirrsal». Der Herr schaute im Mittelalter auf das, was alle für die christliche Kirche hielten; und sah genau die gleiche Torheit. Grosse Teile der sichtbaren Kirche sind nur eine andere Form des ursprünglichen Turmes: der Versuch des Menschen, den Himmel durch seine eigenen Werke zu erreichen. Deswegen verwirrte der Herr ihre Sprache; heute gibt es über 5000 verschiedene Sprachen bzw. Denominationen. Jedes Werk, das versucht, Menschen um irgendetwas anderes als den Herrn selbst zu sammeln, hat seinen Ursprung in der fleischlichen Natur des Menschen (vgl. Jud 19), egal, wie gut ihre Werke auch scheinen mögen. Ob es sich nun um ein Gebäude, ein Projekt, einen evangelistischen Einsatz oder eine grosse geistliche Wahrheit handelt – wenn man lediglich beabsichtigt, Leute um sich zu sammeln, wird das Ergebnis Verwirrung sein. Denn nur Jesus kann Menschen versammeln. Natürlich sind Projekte, Einsätze oder wahre geistliche Lehre nichts Schlechtes. Aber wenn dies bei uns in den Vordergrund tritt, wird der Herr uns letzten Endes um unseretwillen davon trennen müssen.

Es ist möglich, dass man alle christliche Lehre völlig richtig versteht und trotzdem kein Christ ist. Christsein besteht nicht darin, gewisse Lehren und geistliche Prinzipien zu verstehen, es bedeutet, dass wir unser Leben in Jesus haben. Wenn die Wahrheit uns zu einem Leben in Jesus hinführt, dann hat sie ihren Zweck erfüllt. Aber wenn die Wahrheit selbst ins Zentrum unserer Aufmerksamkeit rückt, dann tötet sie – dann ist sie nur Erkenntnis von Gut und Böse. Die meisten Denominationen gingen aus einem echten Wehen des Geistes hervor, wodurch gleichzeitig dem gesamten Volk Gottes Wahrheit geschenkt werden sollte – Wahrheit, die es näher zu Jesus führen sollte. Viele fanden dadurch zu einer engeren und vertrauteren Beziehung zu ihm. Andere erkannten jedoch nie, was hinter der Wahrheit stand. Sie fingen dann meistens an, aus dieser Wahrheit ihre eigenen Türme zu bauen. Das Ergebnis war die Aufsplitterung des Leibes Christi in viele Denominationen.

«Babel» ist nicht nur eine rein äusserliche Realität, Babel ist im Herzen. Viele überkonfessionelle Gemeinden und Werke sind ebenso von ihrer eigenen ausschliesslichen Richtigkeit überzeugt wie irgendeine konfessionelle Kirche. Und es gibt konfessionelle Gemeinden, in denen Jesus wahrhaft das Haupt ist, und die sich kaum oder gar nicht über andere stellen. Es gibt Gemeinden, die Wahrheit, aber kein Leben in sich haben. Und es gibt Gemeinden, die zwar noch nicht alle Doktrinen richtig verstanden haben, aber in Jesus viel Leben haben. Thomas a Kempis sann darüber in seinem Klassiker *Das Buch von der Nachfolge Christi* nach: «Es ist mir ungleich lieber, ein lebendiges Gefühl der Reue und Busse im Herzen zu haben, als eine schulgerechte Erklärung geben zu können, was Reue und Busse sei … Was nützt es dir, über die Dreieinigkeit hochgelehrt streiten zu können, wenn du die Demut nicht hast, ohne die du der Dreieinigkeit missfällst?«

Aus Babel zu fliehen heisst nicht, einfach eine Konfession oder Abspaltung zu verlassen, sondern es bedeutet, alle Hindernisse aus dem Weg zu räumen, die uns vom Herrn und anderen Geschwistern trennen, damit wir in aller Freiheit lieben und dienen können, Der Apostel Paulus ermutigte uns dazu:

«Also schätzen wir von jetzt an niemand (auch keine Gemeinde) mehr nur nach menschlichen Massstäben (Äusserlichkeiten) ein.» (2 Kor 5,16a).

Natürlich ist Wahrheit wichtig. Es gibt einige Wahrheiten, die wir in der richtigen Ordnung haben müssen, wenn wir nicht von dem Weg abkommen wollen, der zum Leben führt. Aber es gibt viele Lehren, die nicht unter diese Kategorie fallen und wegen derer sich Gläubige trotzdem im Laufe der Jahrhunderte getrennt haben. Christen sind die Jünger Jesu, von denen er gesagt hat, man würde sie an ihrer Liebe erkennen. Trotzdem haben sie die unglaubliche Fähigkeit an den Tag gelegt, in 98 Prozent ihrer Lehre übereinzustimmen und sich wegen zwei Prozent der Lehre, in der sie nicht der exakt gleichen Meinung sind, voneinander abzuspalten. Die zwanghafte Neigung von Menschen, auch in noch so unwesentlichen Kleinigkeiten unbedingte Übereinstimmung an den Tag legen zu müssen, wurzelt fast immer in tiefer persönlicher Unsicherheit.

Im Leib Christi war die Unsicherheit der Leiter ein zentraler Faktor, der Kirchenspaltung erst ermöglicht hat. Unsichere Menschen fühlen sich sofort bedroht, wenn etwas nur ein kleines bisschen von ihren eigenen Überzeugungen abweicht, und sie neigen bei solchen anders lautenden Überzeugungen häufig zur Überreaktion. Solche Polarisierungen können zu Verbitterung führen und andere Gläubige dazu bringen, wegen lächerlicher Kleinigkeiten unversöhnlich zu werden. Dies ist ein Zeichen dafür, dass ihre Autorität nicht in Christus gründet. Wenn wir bei Herausforderungen überreagieren, dann zeigt das, dass wir in Wirklichkeit für uns selber anstatt für Christus bauen. Wenn wir unsere Wurzel in Christus haben und in ihm sind, werden wir uns auch von den härtesten Angriffen nicht einschüchtern lassen. Der Mensch, dessen Autorität im Herrn wurzelt, weiss, dass der Herr höchste Autorität und Macht hat. Und dieses Wissen führt dazu, dass einem selbst der erbittertste Widerstand von Menschen nicht allzu grosse Sorgen bereiten kann.

## Wahre Einheit

Mit Gott ist nichts unmöglich. Für ihn wäre es eine Kleinigkeit, uns alle dazu zu bringen, das Gleiche zu glauben. Aber im Moment hat er gute Gründe, das nicht zu tun. Zuerst müssen wir verstehen, dass Lehre nicht die Grundlage unserer Einheit ist. Solche Einheit ist allerhöchstens äusserlich. Nur in Jesus können wir echte Einheit finden. Es ist viel wichtiger, dass wir ihm unsere Aufmerksamkeit zuwenden und lernen, uns gegenseitig zu lieben und zu schützen, als in allen Lehrmeinungen übereinzustimmen. Gleiche Lehrmeinungen zu haben, ist keine Grundlage für Einheit, sondern für Spaltung! Wenn der Herr bei uns in den Mittelpunkt rückt, werden wir Lehrmeinungen und auch alles andere aus derselben Perspektive sehen.

Wir werden angehalten: «Prüft alles, und behaltet das Gute!» (1 Thess 5,21) Wir sind dumm, wenn wir nicht alles genau durch die Schrift und den Heiligen Geist prüfen. Genauso dumm sind wir jedoch, wenn wir Lehre im falschen Geist prüfen. Wir werden ermutigt, das, was gut ist, zu behalten, und nicht das, was schlecht ist. Wenn wir prüfen, sollen wir nicht nach dem Ausschau halten, was falsch ist, sondern nach dem, was richtig ist. Wenn wir uns nach Wahrheit ausstrecken mit dem Ziel, den Standpunkt von anderen anzugreifen, dann gehen unsere Bemühungen von einer falschen Grundlage aus. Dies hat zur Folge, dass wir die Wahrheit, die bei Gott ist (vgl. Joh 18,37c), gar nicht erkennen können.

Manche Christen scheinen mehr Glauben zu haben, dass Satan sie in die Irre führt, als dass der Heilige Geist sie in alle Wahrheit leitet (Joh 14,16.17). Das zeigt wiederum ihre Unsicherheit, und diese Haltung hat im Leib Christi zu viel Spaltung und Missverständnis geführt. Es gibt Zeiten, in denen man Menschen herausfordern oder konfrontieren muss, um Korrektur zu bewirken. Die neutestamentlichen Briefe sind im Wesentlichen ein Ergebnis davon, dass die Apostel und Ältesten eben das getan haben. Und die Korrektur durch unseren

Herrn bringt Heilung und Wiederherstellung. Unsere unsanfte Art dagegen kann für jemanden, der sich irrt, Heilung und Wiederherstellung sehr schwer machen.

Der Apostel Paulus mahnte: «Wenn einer sich zu *irgendeiner* Verfehlung hinreissen lässt, meine Brüder, so sollt ihr, die ihr vom Geist erfüllt seid, ihn im Geist der Sanftmut wieder auf den rechten Weg bringen. Doch gib Acht, dass du nicht selbst in Versuchung gerätst.» (Gal 6,1) Es gibt viele krasse Beispiele von Leuten, die die gleichen Sünden begingen, die sie auf schamlose Weise in anderen aufdecken wollten. «Gott tritt den Stolzen entgegen, den Demütigen aber schenkt er seine Gnade.» (Jak 4,6b) Nur Gottes Gnade kann uns vor dem Fall bewahren. Jedes Mal, wenn wir andere angreifen oder ihre Sünden oder Fehler aufdecken und darauf stolz sind, dass wir nicht so sind wie sie, können wir sicher sein, dass wir am Ende ebenso fallen werden. Das ist der Grund, warum viele «Häresiejäger» einem schlechten Geist anheim fallen; und normalerweise fügen sie der Christenheit mehr Schaden durch die von ihnen verursachte Spaltung zu, als durch die «Häresien» entstanden wäre, die sie bekämpfen wollten.

Fast jede grosse Wahrheit, die der Herr seiner Gemeinde anvertraut hat, wurde von denen, die sie als Erste erkannt haben, durch Übertreibung ins Extrem geführt. Oft haben Überreaktionen darauf genauso viel Schaden angerichtet wie die ins Extrem gegangenen, ursprünglichen Doktrinen. Die Wahrheit zum Leben in Jesus findet sich gewöhnlich als schmaler, aber gangbarer Weg zwischen den Extremen. Die Vertreter der jeweiligen Extrempositionen werden diesen «richtigen» Weg für einen Kompromiss halten. Und die ganze Geschichte hindurch hat sich die Mehrheit des Leibes Christi aufgrund der bestehenden Verwirrung einfach gar nicht erst auf dieses Thema eingelassen, was ebenfalls ein Fehler ist. Die Weisen «prüfen alles und behalten das Gute». Wenn wir unser Leben mehr vor den Menschen als vor dem Herrn leben, werden wir durch den Druck und die Verwirrung leicht ins Wanken geraten. Wenn wir von Gottes Geist geleitet werden, wie das bei allen wahren Söhnen Gottes der Fall ist (vgl. Röm 8,14), dann wird er treu sein und uns in alle Wahrheit führen.

Wir müssen die Wurzel eines christlichen Dienstes anschauen, bevor wir uns entscheiden, dort mitzuarbeiten, egal, wie «schriftgetreu» er auch erscheinen mag. Der Herr hat nie gesagt, dass wir Menschen oder Dienste daran erkennen könnten, wie schriftgetreu sie sind. Das wahre Wesen kann man nur an den Früchten erkennen. Ist die Frucht vom Baum des Lebens oder vom Baum der Erkenntnis? Egal, wie viel «Gutes» ein Werk zu tun scheint … der Baum der Erkenntnis wurzelt genauso im Guten wie im Bösen. Wenn die Frucht nicht erkennbar Jesus ist, dann ist sie nicht Leben.

Der Grossteil aller lehrmässigen Irrtümer resultiert aus einer Überbetonung vereinzelter Schriftstellen. Deshalb ermahnte Paulus den Timotheus, «offen und klar die wahre Lehre» zu vertreten (2 Tim 2,15). Im Psalm 119, Vers 160, heisst es: «Die Summe deines Wortes ist Wahrheit.» (Revidierte Elberfelder Bibel) Um die Schriftstellen richtig auszulegen, müssen wir das *gesamte* Wort Gottes sehen. In der Schrift scheint manches ganz bewusst widersprüchlich zu sein. Wir tendieren dann oft zu der einen oder anderen Interpretation und übersehen dabei geflissentlich, was wir nicht verstehen. Noch schlechter wird es, wenn wir rational den Standpunkt rechtfertigen, den wir vorziehen. Dieses Verhalten hat bei fast allen christlichen Lehrmeinungen zu entgegengesetzten Standpunkten geführt. Oft werden wir durch kleine Nebensächlichkeiten vom Strom des Lebens abgelenkt. Nur wenn wir die Gesamtheit aller Wahrheit sehen können, werden wir fähig sein, einzelne Teile davon richtig zu verstehen. *Jesus ist die Summe aller geistlichen Wahrheit.* Alles wird in ihm vereint werden (vgl. Eph 1,10).

Wenn wir das letztliche Ziel Gottes, alles in seinem Sohn zu vereinen, aus den Augen verlieren, dann lassen wir uns von den weniger wichtigen Absichten Gottes ablenken, die wir dann ins Extrem führen. Wenn wir Ihn einmal erkennen, werden all diese scheinbar nicht zusammenpassenden Teile des

Planes Gottes in atemberaubendem Einklang zusammenkommen.

In der Wahrheit zu leben, heisst nicht nur, alles richtig zu verstehen, sondern in ihm zu bleiben, der die Wahrheit ist. Geistlich zu wachsen, heisst nicht, an Erkenntnis zu wachsen, sondern *«in allem (zu) wachsen, bis wir ihn erreicht haben»* (Eph 4,15). Verblendung bedeutet nicht nur, eine Lehre falsch zu verstehen. Verblendung ist auch, nicht in seinem Willen zu sein. Der Leib Christi besteht nicht aus vielen Bruchstücken, die sich gegenseitig bekriegen; sondern er ist ein lebendiger, funktionierender Organismus, der aus verschiedenen Teilen besteht, die zusammen ein Ganzes ergeben. Der wahre Leib Christi ist nicht gespalten und ist es noch nie gewesen. «*Ein* Brot ist es. Darum sind wir viele *ein Leib;* denn wir alle haben teil an dem einen Brot.» (1 Kor 10,17)

## Der Stolz der Nachkommen Kains

Der Turmbau zu Babel ist eine tiefgründige Darstellung des Stolzes der Nachkommen Kains. Die Menschen von Babel glaubten tatsächlich, sie könnten durch ihre eigenen Anstrengungen den Himmel erreichen. «Bauen wir … machen wir.» Hier hallt die Versuchung Evas durch die Schlange wider, dass sie ohne Gott wie Gott werden könnten. Seit Satan Eva damals erfolgreich versucht hatte, ist es ihm gelungen, bei dem Menschen den Glauben an diesen Unsinn aufrechtzuerhalten. Der Mensch hat sich ehrfürchtig vor vielen Götzen gebeugt, aber er hatte immer nur einen Gott – sich selbst. Die Schlange verleitete den Menschen dazu, seinen eigenen Weg zu gehen. Und seit diesem Tag war der Mensch zutiefst entschlossen, genau dies zu tun. Dieser Drang nach Unabhängigkeit brachte den Tod in die Welt und war seine treibende Kraft. Dies spiegelt wider, was Satan selbst möchte. Der Prophet Jesaja zeigt, womit der «König von Babel«, der eine Personifikation Satans ist, prahlte:

«*Ich* ersteige den Himmel; dort oben stelle *ich* meinen Thron auf, über den Sternen *Gottes;* auf den Berg der (Götter)versammlung setze *ich* mich, im äussersten Norden. *Ich* steige weit über die Wolken hinauf, um dem Höchsten zu gleichen.» (Jes 14,13–14)

Diese Haltung – zu glauben, selbst vollkommen werden zu können – zeigt sich in jeder Religion und Philosophie der Welt ausser im wahren Christentum. Die Haltung, sich selbst zu dem zu machen, der man sein sollte, ist so vorherrschend, dass sogar die aufrichtigsten und hingegebensten Christen oft gar nicht merken, wie viel Macht dieser Geist in ihrem eigenen Leben hat. Manche von uns sind so verblendet, dass wir nicht nur glauben, wir können uns selbst zu dem machen, der wir sein sollen, sondern auch andere!

Wir müssen begreifen, dass der Herr tatsächlich will, dass wir den Himmel ersteigen; er will, dass wir auf dem Berg der Versammlung sitzen; er will, dass wir weit über die Wolken hinaufsteigen, und *er will, dass wir ihm gleichen* (sein Wesen haben). Aber nur er kann das für uns tun (und er hat es durch seinen Sohn getan). Eine der Hauptstrategien Satans über die Jahrhunderte hinweg bestand darin, den Menschen dazu zu verleiten, das an sich zu reissen, was der Herr ihm letztendlich sowieso geben wollte. Der Sieg Jesu über Satan war vollbracht, als er «nicht daran fest(hielt), wie Gott zu sein» (Phil 2,6), sondern sich stattdessen erniedrigte und darauf wartete, dass der Vater ihn zur rechten Zeit erhöhen würde.

Kapitel 6

# Das Gegenstück zu Babel

In Babel verwirrte der Herr die Sprachen der Menschen, damit sie sich nicht länger verstehen würden und den nichtigen Turm nicht weiterbauen konnten. Am Pfingsttag, als der Herr die Menschen zum ersten Mal in seinem Heiligen Geist taufte, gab er ihnen eine Gabe, die für die Welt ein Zeichen sein sollte, dass seine Gemeinde das Gegenstück zum Turm von Babel sein würde. In Babel wurden die Sprachen der Menschen verwirrt; an Pfingsten konnten alle Menschen eine gemeinsame Sprache verstehen. Und diese gemeinsame Sprache, die sie hörten, bezeugte ihnen «Gottes grosse Taten» (Apg 2,11b), die in krassem Gegensatz zu den nichtigen Werken der Menschen stehen, die der Turm versinnbildlicht.

Die Gabe, durch die die Menschen das Zeugnis von Gottes Werken hörten, war einfach die «Sprachengabe». Es ist nicht verwunderlich, dass diese Gabe die am meisten umstrittene aller Geistesgaben ist. Für den Menschen, der nur das Äusserliche sieht, ist ihr Zweck und ihre praktische Ausübung völlig unverständlich. Für den Menschen, der aus dem Geist lebt, ist es die Sprache Gottes, die durch alle Masken dringt und den inneren Menschen anrührt. Die Sprache des Geistes legt Zeugnis von der Sprache Gottes ab, in der eines Tages alle Menschen in vollkommener Einheit zusammenfinden werden.

Das Gericht des Herrn über Babel war keine Verdammung. Gott möchte, dass wir verstehen, dass wir nur in Jesus wirklich eins sein können. Kein ökumenischer Eifer und keine guten Absichten können Menschen zusammenbringen. Unsere Einheit kann nur durch ihn und in ihm sein. Wenn er wahrhaft erhoben wird, wird er alle Menschen zu sich ziehen. Er ist der einzige gemeinsame Nenner, auf dem es echten Austausch und gegenseitige Beziehungen zwischen Menschen und – am allerwichtigsten – zwischen Menschen und ihrem Schöpfer gibt. Nur durch ihn können wir uns, andere und den Vater richtig verstehen.

Vor seiner Kreuzigung betete der Herr für die Seinen: «Alle sollen eins sein: Wie du, Vater, in mir bist und ich in dir bin, sollen auch sie in uns sein, damit die Welt glaubt, dass du mich gesandt hast.» (Joh 17,21) Die Kirche, welche die Welt zu bauen versuchte, ist wie ihre Vorgängerin in Babel in zunehmende Verwirrung abgesunken. Die Gemeinden, die der Herr baut, werden eines Tages die Welt durch ihre Einheit in Staunen versetzen. Es wird eine Einheit sein, die über Abkommen und Übereinkünfte hinausgehen wird; es wird eine Einheit sein, die nur durch eine *Vereinigung* mit dem Einen entstehen konnte, der alle Dinge durch sein machtvolles Wort zusammenhält. Diese Einheit wird nicht zustande kommen, wenn wir nach ihr streben, sondern nur, wenn wir Jesus suchen. Vielleicht werden wir es gar nicht merken, weil wir unsere Aufmerksamkeit nicht auf uns selbst, sondern auf ihn gerichtet haben. Einheit um ihrer selbst willen kann ein Götze sein. Wenn wir wirklich Gott suchen, dann kommt Einheit von alleine.

## Das Werk Gottes

Als die Leute Jesus fragten: «Was müssen wir tun, um die Werke Gottes zu vollbringen?», brachte er es mit seiner Antwort auf den Punkt: «Das ist das Werk Gottes, dass ihr an den glaubt, den er gesandt hat.» (Joh 6,28–29) *Jesus ist das vollendete Werk Gottes. Er war der Anfang des Werkes Gottes, und er ist das Ende, das Alpha und das Omega.* Der Apostel Paulus hatte dies verstanden und hatte deshalb in seinem Dienst ein klares Ziel: «Ihn verkündigen wir; wir ermahnen jeden Menschen und belehren jeden mit aller Weisheit, um dadurch alle in der Gemeinschaft mit Christus vollkommen zu machen. Dafür kämpfe ich unter vielen Mühen; denn seine Kraft wirkt mit grosser Macht in mir.» (Kol 1,28–29) Jesus ist das Werk Gottes. Alles, was Gott als Vater tut, ist in Jesus. Und das Ende aller Dinge wird in Jesus zusammengefasst werden.

Jesus wird «der Anfang der Schöpfung Gottes» genannt (Offb 3,14b). Bei allem, was der Vater schuf, dachte er zuerst an seinen Sohn. Er ist die Wonne des Vaters und das genaue Abbild seines Wesens. Der Vater liebt den Sohn über alles, und der Sohn liebt den Vater über alles. Der Heilige Geist ist die Personifizierung und Kraft dieser Liebe. In allem, was geschaffen wurde, wollte der Vater seinen Sohn sehen. Auch in uns möchte er seinen Sohn finden.

«Denn in ihm wurde alles erschaffen im Himmel und auf Erden, das Sichtbare und das Unsichtbare, Throne und Herrschaften, Mächte und Gewalten; *alles ist durch ihn und auf ihn hin geschaffen.* Er ist vor aller Schöpfung, *in ihm hat alles Bestand.* Er ist das Haupt des Leibes, der Leib aber ist die Kirche. Er ist der Ursprung, der Erstgeborene der Toten; so hat er in *allem* den Vorrang. Denn Gott wollte mit seiner ganzen Fülle in ihm wohnen, um durch ihn alles zu versöhnen. Alles im Himmel und auf Erden wollte er zu Christus führen, der Friede gestiftet hat am Kreuz durch sein Blut.» (Kol 1,16–20)

Das Mühen der Apostel war nicht dahingehend ausgerichtet, die Gläubigen davon zu überzeugen, mit gewissen Lehren übereinzustimmen, sondern sie arbeiteten darauf hin, dass Christus in seiner Gemeinde Gestalt annimmt. Das bezeugte Paulus den Galatern: «Meine Kinder, für die ich von neuem Geburtswehen erleide, bis *Christus in euch Gestalt annimmt.*» (Gal 4,19)

Jeder wahre Dienst hat zum Ziel, dass Christus Gestalt annimmt. Jesus ist das vollendete Werk all dessen, was wir uns vornehmen können. Und unser Ziel und unsere Aufgabe besteht nicht darin, dass wir uns Jesus anpassen, sondern darin, dass wir von ihm *umgestaltet* werden.

«Er hat uns das Geheimnis seines Willens kundgetan, wie er es gnädig im Voraus bestimmt hat: Er hat beschlossen, die Fülle der Zeiten heraufzuführen, *in Christus alles zu vereinen,* alles, was im Himmel und auf Erden ist.» (Eph 1,9–10)

«Was aus dem Fleisch geboren ist, das ist Fleisch; was aber aus dem Geist geboren ist, das ist Geist.» (Joh 3,6) Nur der Geist Gottes kann Christus hervorbringen. Die allerbesten menschlichen Absichten können nur Fleisch hervorbringen. Das Beste, was der Mensch bringen kann, hat seine Wurzel immer noch im Baum der Erkenntnis. Deswegen erklärte Paulus den Athenern: «*Er (Gott) lässt sich auch nicht von Menschen bedienen.*» (Apg 17,25) Jesus sagte: «Aber die Stunde kommt, und sie ist schon da, zu der die wahren Beter den Vater anbeten werden im Geist und in der Wahrheit; denn so will der Vater angebetet werden. Gott ist Geist, und alle, die ihn anbeten, müssen im Geist und in der Wahrheit anbeten.» (Joh 4,23–24) Wir werden in dem Mass wahre Anbeter sein, wie wir offen dafür sind, dass der Geist durch uns wirkt.

## Echte geistliche Vision

Viele, die wiedergeboren und im Heiligen Geist getauft sind, zeigen keine Veränderung in dem, wie sie ihr Leben angehen. Auch wenn sich äussere Verhaltensmuster vielleicht verändert haben, nehmen sie weiterhin hauptsächlich den Bereich des Gegenständlichen wahr. Das mag an der Art liegen, wie sie mit Jesus umgehen. Es gibt eine Tendenz, Jesus weithin als den «*Mann aus Galiläa*» anzusehen. Jesus ist nicht einfach ein Mensch. Er war und ist Geist. Er nahm die *Gestalt* eines Sklaven an und wurde für eine kurze Zeit Mensch. Die Schrift sagt, dass wir verändert werden, wenn wir seine Herrlichkeit vor Augen haben (2 Kor 3,18). Wenn wir ihn nur als natürlichen Menschen sehen, werden wir wohl kaum in die neue Schöpfung verwandelt, zu der er uns berufen hat. Der Herr sagte zu Kaiphas: «Von nun an werdet ihr den Menschensohn zur Rechten der Macht sitzen und auf den Wolken des Himmels kommen sehen.» (Mt 26,64) Er sagte, dass wir ihn nach seiner Kreuzigung in der Kraft seiner Auferstehung sehen würden. Wenn wir anfangen, ihn in diesem Licht zu sehen, dann verstehen wir in aller Tiefe, warum er sich «nicht von Menschen bedienen» lässt (Apg 17,25).

Nach seiner Auferstehung hatten sogar die Jünger Schwierigkeiten, ihn zu erkennen. Sie waren mehr auf seine äussere Erscheinung als auf seine geistliche Natur fixiert. Jesus wusste das, und deshalb sagte er ihnen vor der Kreuzigung, dass er gehen müsse, damit sein Geist gesandt werden könne (Joh 16,7). Die ganze Geschichte hindurch hatten Menschen die Neigung, ihn eher nach dem Fleisch als nach dem Geist zu erkennen. Jesus kann nicht auf etwas reduziert werden, das man allein mit den natürlichen fünf Sinnen wahrnehmen kann! Wir könnten ihn nur mit unseren natürlichen Augen und unserem natürlichen Denken niemals genau erkennen. Er kann nur durch den Geist erkannt werden. Der Herr sagt seinem Volk immer noch das, was er zu Philippus gesagt hat: «Schon so lange bin ich bei euch, und du hast mich nicht erkannt?» (Joh 14,9)

Auf dem Berg der Verklärung haben wir ein deutliches Beispiel für eine Begegnung zwischen dem verherrlichten Christus und Menschen, die noch nicht von der fleischlichen Natur Kains befreit und umgewandelt worden waren. Im Matthäusevangelium im 17. Kapitel, Verse 1 bis 8, lesen wir:

«Sechs Tage danach nahm Jesus Petrus, Jakobus und dessen Bruder Johannes beiseite und führte sie auf einen hohen Berg. Und er wurde vor ihren Augen verwandelt; sein Gesicht leuchtete wie die Sonne, und seine Kleider wurden blendend weiss wie das Licht. Da erschienen plötzlich vor ihren Augen Mose und Elija und redeten mit Jesus. Und Petrus sagte zu ihm: Herr, es ist gut, dass wir hier sind. Wenn du willst, werde ich hier drei Hütten bauen, eine für dich, eine für Mose und eine für Elija. Noch während er redete, warf eine leuchtende Wolke ihren Schatten auf sie, und aus der Wolke rief eine Stimme: Das ist mein geliebter Sohn, an dem ich Gefallen gefunden habe; auf ihn sollt ihr hören. Als die Jünger das hörten, bekamen sie grosse Angst und warfen sich mit dem Gesicht zu Boden. Da trat Jesus zu ihnen, fasste sie an und sagte: Steht auf, habt keine Angst! Und als sie aufblickten, *sahen sie nur noch Jesus.*»

Nachdem er die grossartige Verklärung Jesu miterlebt hatte, lesen wir: «Und Petrus *sagte (antwortete)* …» Niemand hatte ihn etwas gefragt! Und was kam aus seinem Mund? «Es ist gut, dass wir hier sind. Wenn du willst, *werde ich* …» Klingt das nicht vertraut? Richtig, es war gut, dass sie da waren … aber nicht aus Petrus' Gründen. Es war gut für sie, kurz die Herrlichkeit ihres Herrn zu sehen. Es war gut für sie, die Zurechtweisung des Vaters zu hören: «*Auf ihn sollt ihr hören.*» Sie sollten weder auf Mose (der für das Gesetz steht) noch auf Elija (der für die Gemeinde steht) hören, sondern auf Jesus! Nach diesem Gebot heisst es: «Als sie aufblickten, sahen sie nur noch Jesus.» Das war der Grund, weswegen sie auf den Berg mitgenommen worden waren – sie sollten ihren Blick nur auf ihn fixieren. Auch wir müssen sehen, wie er vom «Mann aus Galiläa» in den verherrlichten Sohn umgewandelt wird. In den Tiefen unseres Wesens müssen wir die Stimme hören, die uns ermahnt, all das zu vergessen, was *wir* bauen können und «auf *ihn* hören».

Kapitel 7

# Abraham

*Glücklich der Mann, der in der Versuchung standhält. Denn wenn er sich bewährt, wird er den Kranz des Lebens erhalten, der denen verheissen ist, die Gott lieben.* *Jakobus 1,12*

Abraham steht in drastischem Gegensatz zu den Menschen von Babel. Sein Geist war anders. Er vertraute nicht sich selbst, sondern dem Herrn. Die Babylonier mühten sich ab, für sich selbst eine ewige, irdische Stadt zu bauen. Abraham aber bewies viele Male seine Bereitschaft, alles auf der Erde aufzugeben, um eine himmlische Stadt zu suchen. Er verliess Ur in Chaldäa, das Haus seines Vaters und seiner Familie; später vertrieb er seinen erstgeborenen Sohn Ismael; und er war sogar bereit, seinen verheissenen Sohn Isaak zu opfern. Anstatt sich abzumühen, für sich selber zu bauen, hat er immer alles an den Herrn abgegeben und ihm vertraut, dass er in allem, was ihn betrifft, für ihn sorgt. Aufgrund dieses Glaubens hat der Herr Abraham all das gegeben, was die Babylonier erfolglos zu erlangen versucht hatten – einen Namen, der in allen Generationen geehrt werden, und eine Stadt, die in Ewigkeit Bestand haben würde.

Da Menschen, die nur das Sichtbare sehen, von den Dingen, die ewig sind, keine Vorstellungen haben, denken sie oft, dass sie nach ihrem Tod vielleicht nicht völlig zugrunde gehen, wenn sie irgendwie Berühmtheit unter den Menschen erlangen. Wenn wir anfangen, den Ewigen zu erkennen, wird es uns kaum mehr etwas bedeuten, ob sich Menschen an uns erinnern; dann reicht es uns völlig, dass der Herr uns kennt. Wenn wir die Herrlichkeit des Herrn wahrnehmen, werden alle irdischen Städte und die Errungenschaften der Menschen ihren Glanz verlieren. Dass Menschen Ehre oder Rang beanspruchen, erscheint völlig lächerlich. Wenn wir uns ihm nähern, wird uns alles, was der Mensch bauen kann, nicht mehr interessieren; unsere Aufmerksamkeit wird auf die Stadt gerichtet sein, die Gott gebaut hat.

Abraham war fähig, Gott zu glauben, da er ein Mann von geistlicher Vision war; er konnte Dinge «sehen», die das natürliche Auge nicht sieht. Da er ein geistlicher Mann war, verstand er: «Das Sichtbare ist vergänglich, das Unsichtbare ist ewig.» (2 Kor 4,18b) Wenn der Herr die «Augen unseres Herzens» für den Bereich des Ewigen öffnet, dann ist unsere Sicht nicht mehr von Raum und Zeit begrenzt; die Zukunft wird dann so real wie die Gegenwart. Abraham konnte Isaak als Opfer darbieten, weil er das Opfer Jesu im Voraus schon gesehen hatte. Das bestätigte auch der Herr: «Euer Vater Abraham jubelte, weil er meinen Tag sehen sollte. Er sah ihn und freute sich.» (Joh 8,56) Abraham hatte die Kreuzigung und Auferstehung Jesu prophetisch vorausgesehen und hatte begriffen, dass sein Sohn ein Sinnbild für den kommenden Messias war. Aufgrund dieser Erkenntnis liess er Isaak das Holz, auf dem er geopfert werden sollte, selbst tragen – so wie später Jesus auch sein Kreuz selbst trug. Abraham wusste, dass – so wie Jesus – auch sein Sohn wieder zum Leben kommen würde (vgl. Hebr 11,19).

## Echter Glaube

Für echten Glauben gibt es kein Rezept, das man auswendig lernen kann. Glaube ist weder ein Gefühl noch etwas, das man sich intellektuell aneignen kann; noch bedeutet Glaube, dass man mit gewissen Lehrmeinungen übereinstimmt. Echter Glaube kann nur aus geistlicher Vision erwachsen. Der Apostel erklärte, dass «die Augen unseres Herzens» geöffnet werden müssen (Eph 1,18), da der Mensch «mit dem Herzen glaubt» (Röm 10,10a). Echter Glaube ist einfach die von oben offenbarte Erkenntnis dessen, an den wir glauben. Echter Glaube bedeutet, Jesus zu kennen; glauben ist die Fähigkeit, ihn in der Kraft seiner Auferstehung zu sehen. Abraham konnte dies sogar schon, bevor Jesus kam. Glaube lässt sich nicht darauf reduzieren, lediglich die Worte des Herrn zu glauben. Glaube bedeutet immer, an das *Wort selbst*, Jesus, zu glauben. Echter Glaube ist die Fähigkeit, die Ewigkeit zu sehen; und das befreit uns von den Sorgen und Problemen dieser vergänglichen Welt, die uns beherrschen.

Es gibt geistliche Gesetze, die in der geistlichen Welt gelten, so wie es auch Naturgesetze für die natürliche Welt gibt. Diese geistlichen Gesetze werden bei jedem funktionieren, der sie anwendet. Die Macht Satans ist völlig von den Gesetzen abhängig, die Gott bezüglich geistlicher Kraft eingesetzt hat; nicht Satan hat sie geschaffen, sondern Gott. Satan macht sie sich nur für seine Zwecke zunutze. Wenn man an diese Gesetze «glaubt», kann man völlig ohne Gott grosse Wunder wirken. Durch diesen Glauben tun viele gewerbliche Glaubensheiler und Spiritualisten ihre Lügenwunder. Es gibt sogar ehrliche Christen, die sich von einem echten Glauben zu einem Glauben hinbewegt haben, der nur noch aus Prinzipien und Gesetzen besteht, die angelernt sind, aber funktionieren können.

Den Unterschied zwischen echtem und unechtem Glauben kann man sehr leicht an den Früchten erkennen. Echter Glaube gründet in Gott; unechter Glaube glaubt lediglich an die Macht des Glaubens, an Prinzipien oder Gesetze. Echter Glaube wächst, wenn wir den Herrn sehen, und die Früchte davon werden Liebe und Demut sein. Die Frucht unechten Glaubens ist immer Stolz. Und dieser nährt die Begierden des Menschen, nicht seinen Geist. Viele der Lehren, die heute unter Lehren über «Glauben» laufen, sind das Ergebnis eines gefährlichen Glaubensverständnisses von Leuten, die immer noch irdisch gesinnt sind. In diesen Fällen liegt die Stossrichtung der Lehre auf einer sehr starken Betonung von irdischem Segen und irdischen Errungenschaften: «Denn alle, die vom Fleisch bestimmt sind, trachten nach dem, was dem Fleisch entspricht, alle, die vom Geist bestimmt sind, nach dem, was dem Geist entspricht.» (Röm 8,5) Paulus warnte Timotheus streng vor eben dem, was auch heute noch das geistliche Leben vieler Christen zugrunde richtet:

«Die Frömmigkeit bringt in der Tat reichen Gewinn, wenn man nur genügsam ist. Denn wir haben nichts in die Welt mitgebracht, und wir können auch nichts aus ihr mitnehmen. Wenn wir Nahrung und Kleidung haben, soll uns das genügen. Wer aber reich werden will, gerät in Versuchungen und Schlingen, er verfällt vielen sinnlosen und schädlichen Begierden, die den Menschen ins Verderben und in den Untergang stürzen. Denn die Wurzel aller Übel ist die Habsucht. Nicht wenige, die ihr verfielen, sind vom Glauben abgeirrt und haben sich viele Qualen bereitet. Du aber, ein Mann Gottes, flieh vor all dem. Strebe unermüdlich nach Gerechtigkeit, Frömmigkeit, Glauben, Liebe, Standhaftigkeit und Sanftmut. Kämpfe den guten Kampf des Glaubens, ergreife das ewige Leben.» (1 Tim 6,6–12)

Reich oder arm in den Dingen der Welt zu sein, hat nichts mit unserer Geistlichkeit oder unserem Mass an Glauben zu tun. Manche denken, dass es geistlicher sei, wenn man arm ist, und geben deswegen die Mittel, die Gott ihnen zur Verfügung gestellt hat, törichterweise weg. Töricht deshalb, weil es gar nicht Gottes Wille war, dass sie diese Mittel weggaben. Andere haben sich materiellem Reichtum geradezu verschrieben, was genauso töricht ist. Echter Glaube liegt dann vor, wenn man in jeder Lage, in die einen der Herr bringt, Frieden haben kann. Paulus führte das weiter aus:

«Ich habe gelernt, mich in jeder Lage zurechtzufinden: Ich weiss Entbehrungen zu ertragen, ich kann im Überfluss leben. In jedes und alles bin ich eingeweiht: in Sattsein und Hungern, Überfluss und Entbehrung.» (Phil 4,11–12)

Hatte Paulus, als er hungerte oder Entbehrung ertrug, zu wenig Glauben? Nach seiner eigenen Aussage war gerade seine Zufriedenheit in solchen Umständen *Glaube*. Aber so wie wir lernen, in Zeiten der Entbehrung zufrieden zu sein, müssen wir auch lernen, im Überfluss zu leben und dabei klaren Kopf zu bewahren. Wenn wir nicht mit irdischen Gütern verantwortlich umgehen, werden wir sicherlich nicht fähig sein, es mit himmlischen Reichtümern zu tun. Doch wenn wir wie Paulus die geistlichen Reichtümer in Christus erkannt haben, werden uns alle Reichtümer der Welt nicht mehr viel anhaben können. Diesen Glauben kann man nicht nachmachen oder durch ständiges Zitieren der Schrift heraufbeschwören. Er stellt sich nur ein, wenn wir «ihn, den Unsichtbaren, sehen», was auch Mose tat, als er alle Reichtümer Ägyptens ablehnte, um ihm zu folgen.

Wir haben Gottes Verheissungen nicht erhalten, um zu *tun* und zu *haben, sondern um in ihm zu sein.* Deshalb hat Gott die Verheissungen nicht uns als Einzelnen gegeben, sondern Jesus wie auch der Apostel erklärt: «Er ist das ja zu allem, was Gott verheissen hat.» (2 Kor 1,20a) Paulus erläuterte den Galatern weiterhin: «Abraham und seinem Nachkommen wurden die Verheissungen zugesprochen. Es heisst nicht: ‹und den Nachkommen›, als wären viele gemeint, sondern es wird nur von einem gesprochen: *und deinem Nachkommen;* das aber ist Christus». (Gal 3,16) Im Brief an die Epheser nahm er dies wieder auf: «Er erleuchte die Augen eures Herzens, damit ihr wisst, was die Hoffnung *seiner Berufung,* was der Reichtum der Herrlichkeit *seines Erbes* in den Heiligen und was die überschwängliche Grösse *seiner Kraft* an uns, den Glaubenden, ist, nach der Wirksamkeit der Macht *seiner Stärke.*» (Eph 1,18; Revidierte Elberfelder Bibel)

Als Satan Jesus in der Wüste in Versuchung führte, versuchte er, ihn dazu zu bringen, Gottes Verheissungen aus egoistischen Motiven für sich zu beanspruchen. Mit genau derselben Versuchung bringt er auch heute Gottes Volk ins Straucheln. Die Verheissungen Gottes sind herrlicher, als man je verstehen kann. Aber niemals sollten Verheissungen unabhängig von Jesus beansprucht werden. Der Herr selbst ist unser Erbe. Alle Verheissungen sind «in ihm» gegeben, da sie alle zu seiner Ehre und für seine Absichten gegeben wurden. Sie wurden in ihm gegeben, damit all unsere Aufmerksamkeit auf ihm ruhen würde nicht auf uns selbst. Wir wirken keine grossen Wunder durch unseren Glauben, wer wir in Christus sind, sondern durch unseren Glauben, wer er in uns ist. «Wer an mich glaubt, wird die Werke, die ich vollbringe, auch vollbringen, und er wird noch grössere vollbringen, denn ich gehe zum Vater.» (Joh 14,12)

## Die grosse Aussonderung

Im 6. Kapitel des Johannesevangeliums kehren sich viele Leute, die Jesus nachfolgten, von ihm ab. In Vers 2 sehen wir, dass ihm eine grosse Menschenmenge folgte, *weil* sie die Zeichen sahen, die er an den Kranken tat. Andere folgten ihm wegen der Brote, die er für sie vervielfachte und ihnen zu essen gab (Vers 26). Einige folgten ihm wegen der Wunder, andere, weil er ihren Nöten begegnete. Die Menschen haben sich kaum verändert. Wenn sich jemand damit zufrieden gibt, dass grosse Menschenmengen seinem Dienst folgen, dann werden sich diese Menschenmengen dadurch, dass er Wunder wirkt oder Gottes Versorgung predigt, auch immer einstellen. Aber Jesus wusste, dass diese Beweggründe oberflächlich waren und verändert werden mussten. Die Scheidelinie musste gezogen werden – und Spreu und Weizen trennten sich. Er forderte sie auf: «Müht euch nicht ab für die Speise, die verdirbt, sondern für die Speise, die für das ewige Leben bleibt und die der Menschensohn euch geben wird. Denn ihn hat Gott, der Vater, mit seinem Siegel beglaubigt.» (Vers 27) Aber sie verstanden nicht, was er sagte: «Da fragten sie ihn: Was müssen wir tun, um die Werke Gottes zu vollbringen?» (Vers 28) Der Herr versuchte wieder, ihre Motive zurechtzurücken: «Das ist das Werk Gottes, dass ihr an den glaubt, den er gesandt hat.» (Vers 29) Die Menge reagierte auf seine Rede mit der Bitte um ein Wunder und Manna vom Himmel. Der Herr antwortete, er sei das Brot des Himmels und dass sie niemals das Leben haben werden, wenn sie nicht sein Fleisch essen und sein Blut trinken. Der Apostel Johannes berichtet daraufhin: «Daraufhin zogen sich viele Jünger zurück und wanderten nicht mehr mit ihm umher.» (Vers 66) Dies ist eine der traurigsten Offenbarungen menschlicher Motivation.

Als sich seine Nachfolger auf diejenigen reduziert hatten, die ihm um seiner selbst willen und nicht wegen seiner Taten folgten, waren nicht mehr viele übrig. Die, die sich zurückzogen, waren jedoch nicht irgendwelche Mitläufer gewesen, die von der Begeisterung der Menge mitgerissen worden waren – es waren *Jünger*. Wenn der Herr uns heute in gleicher Weise herausfordern würde, wie viele würden dann übrig bleiben? Wie Petrus fällt es auch uns schwer zu glauben, dass wir ihn jemals verlassen könnten. Aber wir sind kein Stück anders. Wenn dieser Prüfstein kommt (und er wird kommen), wie viele werden dann von der grossen Menge, die sich jetzt Jünger nennt, noch übrig bleiben? Werden wir übrig bleiben?

Von diesem Zeitpunkt an veränderte sich der Dienst Jesu grundlegend. Bis hierher hatte er fast seine ganze Aufmerksamkeit den Menschenmassen gewidmet. Danach richteten sich seine Bemühungen fast nur noch auf die Jünger. Vor diesem Ereignis hatte er Wunder gewirkt, damit die Leute an ihn glaubten. Danach tat er nur noch Wunder für die, die an ihn glaubten.

Natürlich möchte der Herr sein Volk segnen. Wenn es uns aber mehr um Segen und Gaben geht als um ihn, dann wird es problematisch. Ichbezogenheit ist ein Gift, das uns tötet. Wenn wir seinen Segen in einer Haltung annehmen, die lediglich Egoismus weiterwachsen lässt, dann lässt Gott in seinem Erbarmen den Segen oft nicht weiterfliessen. Die gesamte Geschichte des alten Israels ist ein sich dauernd wiederholender Kreislauf von Befreiung, Segen, Selbstzufriedenheit, Götzendienst, Knechtschaft, Unterdrückung, Demut und Suchen nach dem Herrn – und dann geht der Kreislauf von vorne los. Sie haben die Botschaft dieses Umherirrens nie begriffen. Wie sieht es mit uns aus?

Der Herr hat die Gläubigen berufen, seine «Braut» zu sein. Wie würde sich denn ein Ehemann fühlen, wenn er herausfindet, dass seine Frau ihn nur aufgrund seines Reichtums geheiratet hat und ihn verlassen würde, wenn er ihr keine teuren Geschenke mehr macht? Welche Freude hätte er, wenn sie nur dann mit ihm redet, wenn sie etwas haben möchte? Es wäre eine Ehe ohne Leben. Ist in unserer Beziehung mit dem Herrn noch dieses Leben?

Wenn unsere Aufmerksamkeit mehr auf den Herrn und weniger auf seinen Segen gerichtet wäre, würden wir wohl viel mehr gesegnet werden. Die Verheissung lautet, dass alles andere dazugegeben wird, wenn es uns zuerst um sein Reich geht. Natürlich möchte er, dass wir unser Erbe schätzen. Aber verglichen mit ihm sind alle Schätze bedeutungslos! Wenn wir anfangen, wirklich ihn zu sehen, werden wir unsere Kronen vor seine Füsse werfen.

## Glaube und Ausdauer

Im Hebräerbrief im Kapitel 6, Vers 12, werden wir ermutigt, «Nachahmer derer (zu sein), die aufgrund ihres Glaubens und *ihrer Ausdauer* Erben der Verheissungen sind». Das Thema Glaube ist in den letzten Jahren im Leib Christi sehr beliebt geworden; aber der zweite wesentliche Bestandteil, Ausdauer, wurde fast völlig übersehen. Das hatte immer wieder tragische Folgen.

Echten Glauben darf man nicht von Ausdauer trennen. In Ausdauer zeigt sich echter Glaube, wie ihn Abraham durch sein Beispiel demonstriert hat. Er und Sara waren nicht nur sehr alt, als ihnen ein Sohn verheissen wurde, sondern der Herr liess sie dann auch noch viele weitere Jahre warten, bis er die Verheissung wahr machte. Anstatt in dieser langen Zeit mutlos zu werden, wurde ihr Glaube an den Herrn immer stärker, und als Gott seine Verheissung dann tatsächlich wahr machte, gab es keinen Zweifel daran, dass *er* es getan hatte!

«Gegen alle Hoffnung hat er voll Hoffnung geglaubt, dass er der Vater vieler Völker werde, nach dem Wort: So zahlreich werden deine Nachkommen sein. Ohne im Glauben schwach zu werden, war er, der fast Hundertjährige, sich bewusst, dass sein Leib und auch Saras Mutterschoss erstorben waren. Er zweifelte nicht im Unglauben an der Verheissung Gottes, sondern wurde stark im Glauben, und er erwies Gott Ehre.» (Röm 4,18–20)

Zeit ist ein unfehlbarer Glaubenstest. Wenn unser Glaube echt ist und von Gott kommt, dann wird er immer fester werden, auch wenn die Umstände eine Erfüllung der Verheissung in weiter Ferne erscheinen lassen. Wenn es kein echter Glaube ist, wird die Zeit ihn zerfressen. Gott hat es so angelegt, dass man Glaube *und* Ausdauer braucht, um seine Verheissungen zu erlangen. Die Zeit wird das, was nicht echt ist, beseitigen und das stärken, was echt ist.

Der Herr verglich den Glauben mit einem Senfkorn. Senfkörner sind sehr kleine Samen, die jedoch zu einem sehr grossen Gewächs werden und Frucht tragen können. Wir dürfen aber nicht missverstehen: Der Same ist *nicht* die Frucht. Der Same muss in den Boden gelegt, gegossen und versorgt werden, um eine gesunde Pflanze zu werden. Erst dann kann er Frucht bringen. Genauso verhält es sich mit dem Glauben. Das, was wir für Glauben halten, ist oft nur der Same, der in uns gelegt wurde, um gegossen und versorgt zu werden.

Echter Glaube, der von Gott kommt, *kann* Berge versetzen, Tote erwecken und Kranke heilen. Doch allein um zu *begreifen,* was echter Glaube ist, braucht es so viel Reife und Gehorsam Gott gegenüber, dass ich davon überzeugt bin, dass das Universum und der Plan Gottes vor dem törichten Dazwischenfunken unreifer, wenn auch gewöhnlich wohlmeinender Christen recht sicher ist. Es ist wundervoll und aufregend, wenn der

Herr spontane Wunder wirkt. Aber die Wunder, die ein bisschen länger brauchen, sind deshalb nicht weniger Wunder. Die Jünger staunten, als Jesus das Wasser in Wein verwandelte. Der Herr verwandelt auch heute noch Wasser in Wein – er lässt sich nur etwas mehr Zeit. Es war sicher etwas Ausserordentliches, den Feigenbaum verdorren zu sehen, nachdem Jesus ihn verflucht hatte, aber auch seither hat es noch keinen Baum gegeben, der verdorrt wäre, ohne dass der Herr ihn verflucht hätte; genauso wenig wurde je eine Krankheit anders als durch seine Hand geheilt.

Echter Glaube sieht Gottes Hand in allen Dingen, egal, wie viel Zeit er sich dafür nimmt oder auf welche Weise er sein Werk tut. Elizabeth Browning schrieb einmal: «Die Erde ist bis in den letzten Winkel voll von Himmel. Jeder Busch brennt mit dem Feuer Gottes, aber nur die, die es sehen, ziehen ihre Schuhe aus. Die anderen pflücken nur die Beeren.» Echter Glaube ist, ihn zu sehen und in ihm zu bleiben. Es gibt keine billigen Alternativen oder leichte Rezepte. Wenn wir uns nach echtem Glauben ausstrecken, sollten wir wie Abraham bereit sein, uns weit über die Grenzen menschlicher Fähigkeit hinaustragen zu lassen.

Da viele christliche Dienste die Wechselbeziehung zwischen Glaube und Ausdauer missverstanden haben, waren sie geneigt, ihre Arbeit weiter auszudehnen, als der Herr sie berufen hat. Es gibt eine Denkrichtung, die ihren Ursprung in unausgewogener Glaubenslehre hat, welche die Schlussfolgerung zieht, dass man nicht im Glauben lebt, wenn man seinen Dienst nicht konstant vergrössert. Deshalb werden Dienste, Programme und Rundbriefe in zunehmendem Masse von verzweifelten Spendenaufrufen beherrscht; und ihr Zeugnis von Gottes Treue ist, dass sie gezwungen sind aufzuhören, wenn sie nicht bald von *uns* hören. Das hat dem ganzen Leib Christi viel Kummer und Erniedrigung gebracht. Der Herr hat verheissen, dass seine Nachkommen nicht um Brot betteln müssen (Ps 37,25). So oft der Herr ein Werk ins Leben ruft, wird er dafür sorgen, dass es ausgeführt werden kann. Als Mose das

Volk um einen Beitrag bat, um das Heiligtum zu bauen, musste er die Leute zurückhalten, da sie so viel brachten! Wenn ein geistlicher Dienst den Leib Christi bitten, anbetteln oder unter Druck setzen muss, um seinen Unterhalt bestreiten zu können, dann hat er sich mit Sicherheit von der Gnade Gottes wegbewegt.

Die Beispiele, wie der Herr in der Schrift seine Diener vorbereitet, unterscheiden sich in grossem Masse von den heutigen Trends. Nach Josefs Traum schien es, als ob nur das Gegenteil dessen, was vorausgesagt worden war, in seinem Leben Realität werden würde. Nachdem er gesehen hatte, wie sich Sonne, Mond und Sterne vor ihm verneigt hatten, wurde er ein *Sklave!* Nachdem er dann endlich Gunst bei seinem Herrn gefunden hat, wurde er in den Kerker geworfen. Nach einigen heute weit verbreiteten Lehren hatte er wohl nicht genug Glauben. In Wahrheit aber wurde mit jeder neuen Prüfung auf machtvolle Weise ein grosser Glaube in ihm genährt. Ihm war klar, dass zuerst Demut und erst danach Erhöhung kommen würde, wenn er für Gottes Pläne gebraucht werden wollte. «Beugt euch also in Demut unter die mächtige Hand Gottes, damit er euch erhöht, wenn die Zeit gekommen ist.» (1 Petr 5,6)

Zwischen dem Ort, an dem wir die Verheissung empfangen, und dem verheissenen Land liegt eine Wüste, die das genaue Gegenteil dessen ist, was uns verheissen wurde. Israel wurde ein Land verheissen, in dem Milch und Honig fliesst. Aber zu Beginn der Wanderschaft gab es nicht einmal Wasser! Hier sollte Israel in aller Deutlichkeit die Frucht seiner eigenen Bemühungen erkennen. Als die Israeliten dann endlich in das verheissene Land einzogen, bekamen sie Häuser, die sie nicht gebaut, Brunnen, die sie nicht gegraben, und Weinberge, die sie nicht angelegt hatten (Dtn 6,10–11). Natürlich mussten in diesem Land schwere Schlachten geschlagen werden, aber Gott versorgte sie. Es ist immer das «ich will» des Menschen gewesen, das ihn zum Feind der Absichten Gottes gemacht hat. Wir werden seine Verheissungen nicht erlangen, bis wir nicht dieses «ich will» durch «er will» ersetzen werden, denn «die Kraft menschlicher Hände kann Gott nicht dienen». Die besten Absichten und Anstrengungen des Menschen, etwas für Gott zu bauen, werden Gottes Plänen nicht dienen.

## Ismael

Ismael war das Ergebnis von Abrahams mangelnder Geduld, als er auf den Herrn wartete. Nachdem er einige Jahre auf einen Sohn gewartet hatte, fing er an, sich von seinen eigenen Gedanken anstatt vom Heiligen Geist leiten zu lassen. Seine Frau schlug ihm vor, er solle zu ihrer Magd gehen, um einen Sohn zu bekommen. Abraham machte den gravierenden Fehler, nicht den Rat des Herrn einzuholen; er ging zu Hagar, sie wurde schwanger und brachte Ismael zur Welt. Dieses Kind wurde, wie der Apostel Paulus später bezeugt, «aus dem Fleisch», nicht aus dem Geist geboren (Gal 4,23). Ismael war ein Nachkomme Kains.

Die Folge von Abrahams mangelnder Geduld ist bis heute verheerende geschichtliche Realität geworden. Ebenso wie seit dieser Zeit Feindschaft zwischen den Arabern (den Nachkommen Ismaels) und den Juden (den Nachkommen Isaaks) herrscht, wird zwischen dem, was aus der fleischlichen Natur des Menschen, dem «Fleisch» entstanden ist, und der wahren Nachkommenschaft des Herrn immer Feindschaft bestehen. Isaak war gerade entwöhnt, und schon wurde er von Ismael verspottet (Gen 21,9).

Letzten Endes musste Abraham Ismael des Hauses verweisen, und er verweigerte ihm das Erbe. Ein Baum kann nur Früchte seiner eigenen Art tragen. Was «im Fleisch» gesät wird, muss geerntet werden – egal, wer wir in Christus sind. Wenn wir wieder auf die Mittel der Nachkommen Kains zurückgreifen, werden wir letzten Endes grosse Schwierigkeiten bekommen, selbst wenn wir dadurch die Absichten Gottes vorantreiben wollen.

Gott hatte Abraham erwählt, weil er seine Pläne durch ihn erfüllen wollte. Die Verheissung, die Abraham empfangen hatte, war echt. Aber die Folgen seines eigensinnigen Handelns versetzen selbst die heutige Welt immer wieder in Angst und Schrecken. Und die Ismaels, die von christlichen Diensten hervorgebracht worden sind, haben im Leib Christi nicht minder viel Zerstörung angerichtet. Es tobt ein ständiger Kampf zwischen dem, was aus dem Fleisch, und dem, was aus dem Geist geboren ist.

Weil Ismael Abrahams Sohn war, segnete ihn der Herr. Und obwohl er wusste, dass er den verheissenen Nachkommen viele Schwierigkeiten machen würde, machte er aus ihm ein grosses Volk (Gen 17,17–20). Oft segnet der Herr auch unsere geistlichen Ismaels und lässt sie gedeihen. Er wird sie gebrauchen, so weit es ihm möglich ist; und viele werden vielleicht durch sie gesegnet werden. Aber wenn «Isaak» kommt, dann muss das, was «aus dem Fleisch» ist, endgültig weichen. «Fleisch» kann nicht mit dem, was aus dem Geist geboren ist, ein Erbe teilen.

Es ist unvermeidlich, dass das «Fleisch» eines Tages das verfolgt, was aus dem Geist geboren ist. «Fleisch» kann sich nur durch Mittel des «Fleisches» am Leben erhalten; durch Mühen, Bitten, Betteln und Drohen. Je mehr sich ein Arbeiter im Reich Gottes abmühen muss, um einen Dienst am Leben zu erhalten, desto schneller fühlt er sich bedroht, wenn irgendjemand anders in seinem Arbeitsbereich auftaucht. Beispiele dafür findet man überall im Leib Christi. Deshalb hat der Herr uns gesagt, dass wir die «wahre Nachkommenschaft» an ihrer Liebe füreinander erkennen (vgl. 1 Joh 2,5; 4,7).

Kapitel 8

# Ausschau nach einer Stadt

*Denn er erwartete die Stadt mit den festen Grundmauern, die Gott selbst geplant und gebaut hat.*
*Hebräer 11,10*

Weil Gott ihn gerufen hatte, verliess Abraham das einzige Land, das er je gekannt hatte. Er wusste nicht, wohin er ging, *aber er wusste genau, wonach er Ausschau hielt.* «Er erwartete die Stadt mit den festen Grundmauern.» (Hebr 11,10a)

Wenn Gott uns ruft, wird er uns von allem, was wir erkannt und worauf wir unser Leben aufgebaut haben, trennen. Sein Ruf ist ein Ruf, allein aus dem Glauben an ihn zu leben. Nur mit diesem Glauben können wir ihm dienen. Sein Königreich ist nicht von dieser Welt. Er ist Geist, und wenn wir ihm dienen wollen, dann müssen wir ihm im Geist dienen. Glaube ist die Tür, durch die wir in die geistliche Welt eintreten können. Wenn unser Glaube an ihn wächst, wird er für uns realer werden als die Welt mit all ihrer Überzeugungskraft. Je unbeirrbarer wir uns an ihm ausrichten, desto reiner und wirkungsvoller wird unser Dienst für ihn sein. je mehr wir uns von äusseren Einflüssen in Mitleidenschaft ziehen lassen, desto leichter können wir von seinen Zielen abgedrängt werden.

Als die Jünger Jesus fragten, was sie tun sollten, war seine Antwort treffend: «Das ist das Werk Gottes, dass ihr an den glaubt, den er gesandt hat.» (Joh 6,29) Unsere letztliche Berufung ist zu glauben. Dieser Glaube ist aber weder blind noch naiv; in ihm liegt eine wegweisende Vision und Einsicht. Abraham wusste nicht, wohin er ging, aber er wusste genau, wonach er Ausschau hielt – und das müssen wir auch. Er hielt Ausschau nach einer bestimmten Stadt, nämlich einer mit *festen Grundmauern.* Wir sind alle berufen, ein Teil derselben Stadt zu sein.

Unsere Berufung steht auf einem festen Fundament. Der Glaube, aus dem wir leben, hat Inhalt, und die «Stadt», die wir bewohnen werden, hat viel mehr Gehalt als alle nichtigen Werke der Menschen. Wenn wir uns mit weniger zufrieden geben, dann haben wir weder echten Glauben, noch geht es uns um die Stadt, die Gott gebaut hat.

## Geistliche Fundamente

Im Bauwesen gibt es ein grundlegendes Prinzip: Die Grösse und das Standvermögen eines jeden Gebäudes wird von der Grösse und dem Standvermögen des Fundamentes bestimmt. Wenn jemand nur ein kleines Haus oder Gebäude bauen möchte, dann wird eine nicht allzu tiefe Grundfeste als Fundament ausreichen. Aber wenn man ein grosses, schweres Gebäude hinstellen möchte, dann muss man mehr tun, als nur ein paar Meter tief zu graben. Man muss bis auf das Grundgestein hinuntergraben, und selbst dann ist man noch nicht fertig. Man wird Stützpfeiler in das Grundgestein treiben und diese darin sicher verankern müssen. Tut man das nicht, kann das Gebäude absinken, kippen oder unter seinem eigenen Gewicht zusammenbrechen.

Die gleichen Prinzipien gelten auch in geistlichen Dingen. Wir müssen erst nach unten graben, bevor wir in die Höhe bauen können. Die mögliche Höhe unseres Bauwerkes hängt direkt von dem Zeitaufwand ab, den wir in den Tiefbau investiert haben. Die Trümmer, die viele Dienste, Gemeinden und Einzelpersonen zurückgelassen haben, beweisen die nüchterne Realität dieses Prinzips.

Albert Einstein hat einmal eine Beobachtung gemacht, die vielleicht noch bedeutender war als seine Relativitätstheorie. Er legte so einfach wie tiefschürfend dar, dass «zu früh verliehene Verantwortung Oberflächlichkeit zur Folge hat». Jesus sagte das Gleiche. Er sagte, dass ein Same, der zu früh sprosst, schwache Wurzeln haben wird. Wir dagegen schätzen oft die am höchsten, die sich am schnellsten entwickeln. Viele im Leib Christi sind dadurch ernsthaft geschwächt worden.

Es ist von entscheidender Bedeutung, dass wir genügend Zeit und Energie aufwenden, um das Fundament sorgfältig zu legen. Aber es wird uns kaum nützen, wenn wir nicht das *richtige* Fundament legen. Kurz nach meiner Bekehrung ging ich in eine Gemeinde, welche die Offenbarung des Leibes Christi betonte. Das war eine spannende und wichtige Sache; und ich begann, mein Fundament darauf zu bauen. Ich fügte meinem Leben zwar noch viele andere Aspekte christlicher Wahrheit hinzu, aber die «Gemeinde» blieb für mich das wichtigste Thema. Mein «Gebäude» wurde grösser und grösser, und mein Dienst wuchs sehr schnell … Plötzlich begann das ganze Gebäude zu kippen! Ich wusste, dass ich bei irgendetwas schief lag, aber ich konnte den Fehler nicht finden. Alles schien biblisch zu sein, und ich fand in meinem Leben keine schlimme Sünde. Und trotzdem musste ich mich mehr und mehr damit abmühen, dass das ganze Gebäude nicht in sich zusammenstürzte. Durch weise Seelsorger zeigte der Herr, dass meine grundlegenden Prinzipien recht und richtig waren, aber dass sie ein Teil des *Gebäudes* sein sollten und nicht das eigentliche Fundament! Ich hatte auf die *Dinge* des Herrn gebaut anstatt auf den Herrn selbst. Ich betete den Tempel des Herrn an, die Gemeinde, und nicht den Herrn des Tempels. Dadurch war ich in Extreme abgerutscht. Der Apostel Paulus schrieb:

«Denn einen anderen Grund kann niemand legen als den, der gelegt ist: Jesus Christus.» (1 Kor 3,11)

So wundervoll die Offenbarungen Gottes sind, es gibt nur *einen* Grund – Jesus. Wenn wir auf irgendeine andere geistliche Wahrheit bauen, wird dieses Gebäude nie dem Druck geistlichen Lebens standhalten können. Es wird früher oder später auseinanderfallen und in sich zusammenbrechen.

Viele der Lehren, die heute gepredigt werden, sind in Extreme abgeglitten. Viele davon waren anfangs Offenbarungen für den Leib Christi, die zur rechten Zeit kamen. Fehler, die gemacht wurden, lagen in den meisten Fällen nicht an der Lehre selbst. Das Problem lag vielmehr darin, dass man versuchte, auf einem Grund zu bauen, der nichts taugte.

Durch pure Hartnäckigkeit kommen manche ziemlich weit, bevor der ganze Bau dann endgültig zusammenbricht. Andere erkennen, dass irgendetwas falsch ist, und fangen nochmals von vorne an. Das zweite Mal mit einem richtigen Fundament.

Normalerweise ist es so, dass der spezifische Schwerpunkt einer Gemeinde auch ihr Fundament ist. Die Apostel und Prediger des Neuen Testamentes hatten aber nur eine Botschaft: Jesus. Sie predigten all die christlichen Lehren, die auch heute gepredigt werden, und vielleicht noch ein paar mehr – dennoch gründete ihre gesamte Botschaft in ihm, in dem «alle Schätze der Weisheit und Erkenntnis verborgen» sind (Kol 2,3). Im weiteren Sinne ist also Jesus nicht nur das Fundament, sondern auch das gesamte Gebäude! Alle Dinge werden in ihm vereint werden. Geistliche Reife ist mehr, als nur immer mehr geistliche Wahrheiten zu erkennen. Wir sollen so lange «in allem wachsen, *bis wir ihn erreicht haben*» (Eph 4,15).

Die Apostel bemühten sich darum, dass Christus in seinem Volk Gestalt annahm. Das ist etwas ganz anderes, als wenn Leiter versuchen, ihre Leute dazu zu bringen, mit gewissen geistlichen Wahrheiten übereinzustimmen. Der Historiker Will Durant brachte den Unterschied zwischen Jesus und Cäsar auf den Punkt: Cäsar versuchte Menschen zu verändern, indem er Gesetze und Institutionen veränderte. Jesus veränderte Gesetze und Institutionen dadurch, dass er die Menschen veränderte. Wenn wir bestimmte Äusserlichkeiten betonen, wird das zwar eine gewisse Art von Frömmigkeit hervorbringen, aber letzten Endes verleugnen wir Gottes Kraft. Jeder lehrmässige Schwerpunkt, dem wir Vorrang vor der Person Jesu einräumen, wird zu totem Ritual führen. Wir müssen alles durch ihn sehen. Wenn wir versuchen, ihn durch irgendein Hilfsmittel zu sehen, wird sein Bild verzerrt werden.

Als die Menschenmenge hungrig wurde, gab ihnen Jesus, wonach es sie verlangte. Er nahm *Brotlaibe,* brach sie und teilte sie den Leuten aus. Nachdem sie gegessen hatten, blieben nur noch Stücke übrig (Joh 6,11–12). In gewissem Sinn ist das ein Bild für den Leib Christi. Wir haben von vielen verschiedenen Broten (bzw. lehrmässigen Schwerpunkten) etwas zu uns genommen, und jetzt sind nur noch Bruchstücke übrig. Schon damals versuchte Jesus, die Aufmerksamkeit der Menge wieder auf das eine Brot, sich selbst, zu lenken. Heute ist er immer noch darum bemüht, unsere Aufmerksamkeit weg von den vielen Lehrmeinungen und zurück auf sich zu lenken. «In ihm hat alles Bestand.» (Kol 1,17b) In ihm gibt es keine Bruchstücke; in ihm sind alle Lehren in vollkommenem Einklang. Auch die grössten geistlichen Wahrheiten werden das Volk Gottes nur in Bruchstücken zurücklassen, wenn sie als isolierte Extrempositionen gelehrt werden. Wenn wir alle Lehren durch ihn sehen, werden sie ausgewogen und im richtigen Verhältnis zueinander stehen; und sie können dann gelehrt werden, ohne Spaltung herbeizuführen. «Viele Male und auf vielerlei Weise (die vielen Brote) hat Gott einst zu den Vätern gesprochen durch die Propheten; *in dieser Endzeit aber hat er zu uns gesprochen durch den Sohn* (das eine Brot).» (Hebr 1, 1–2) Diese Wahrheit wird auch durch Marta nach dem Tod ihres Bruders Lazarus veranschaulicht. Marta hatte die Lehre von der Auferstehung genau verstanden. Sie wusste, dass ihr Bruder am Jüngsten Tag wieder auferstehen würde; aber sie setzte ihre Hoffnung auf die *Lehre* von der Auferstehung und nicht auf Jesus. Er gab ihrer Hoffnung eine neue Richtung: «Ich bin die Auferstehung», erklärte er ihr (Joh 11,25). Aber er ist nicht *nur* die Auferstehung; er ist die Wahrheit; er ist alle Wahrheit. Er ist die Offenbarung, die Gott gegeben hat, und er ist die Offenbarung Gottes. Er ist der *Ich bin.*

Wenn wir unser Hauptinteresse auf die Lehre legen, haben wir uns in die Irre führen lassen. Wir werden uns nicht durch

Lehre verändern, sondern dadurch, dass wir Jesus sehen (2 Kor 3,18). Gesalbte Lehren sind wichtig, weil wir durch sie die Nahrung erhalten, die wir brauchen, um Christus in uns Gestalt annehmen zu lassen. Aber immer wenn eine Wahrheit zum Brennpunkt unserer Aufmerksamkeit wird, wird sie uns in die Irre führen. Aus diesem Grund kommt Satan oft als Engel des Lichts, oder als «Botschafter der Wahrheit». Wahrheit kann uns in die Irre führen. Nur in *der* Wahrheit – Jesus – ist Leben. Er kam nicht nur, um uns Wahrheit zu lehren. Er kam, um *die Wahrheit zu sein!*

Im Kapitel 33 des Buches Exodus sehen wir in den Versen 8 bis 11, wie Mose im Offenbarungszelt mit dem Herrn spricht. Eine Wolkensäule liess sich herab, und der Herr sprach zu Mose von Angesicht zu Angesicht, wie ein Mensch mit seinem Freund spricht. Dieser Anblick war so Ehrfurcht gebietend, dass sich jedes Mal, wenn dieses Treffen stattfand, alle Leute erhoben und Gott in ihren Zelteingängen anbeteten. Wenn Mose ins Lager zurückkehrte, blieb Josua (der zu der Zeit Moses persönlicher Diener war) immer im Offenbarungszelt zurück. Josua blieb, um *seine eigene Beziehung* zum *Herrn aufzubauen.* Es genügte ihm nicht, der Vertraute eines Mannes Gottes zu sein – *er wollte den Herrn selbst kennen lernen.* Vielleicht war das der Grund, warum Josua erwählt wurde, Israel ins verheissene Land zu führen.

Wenn wir Beziehungen zu grossen Männern oder Frauen Gottes haben, an die wir uns halten können, werden wir geistlich schläfrig. Deshalb enden viele Zeiten des machtvollen Wirkens Gottes, Einrichtungen, Schulen, Gemeinden und Missionswerke mit ihren Gründern. Nach Josuas Tod brauchte Israel nur eine Generation lang, um geistlich wieder zugrunde zu gehen. Wenige Erweckungen können sich länger als eine Generation nach der ersten Geistausgiessung halten. Der Hauptgrund dafür liegt darin, dass Menschen (oder Lehre) zum Fundament der Bewegung wurden. Ein Wirken des Geistes wird aber nur anhalten, wenn Jesus das Fundament ist. Der Geist kam, um von Jesus Zeugnis abzulegen, nicht von seinen Dienern oder von Lehren – sondern von Jesus! Wenn wir uns irgendetwas anderem zuwenden, werden wir sehr schnell in Seitengassen landen, die uns nie zum Leben führen werden.

Jesus sandte niemals jemand aus, um Dienst zu tun, den er nicht zuvor zu sich selbst gerufen hatte. Er schickte sie nicht auf grossartige Bibelschulen oder liess sie einen Fernkurs absolvieren. Er sagte: «Folge mir nach.» Das Licht, das in ihm war, sollte zu ihrem Licht werden. Und das ist auch heute noch sein Ruf an alle, die seine Jünger sein wollen: «Folge mir nach.» Wir müssen ihm antworten wie das Mädchen Schulammit im Hohenlied der Liebe (die symbolisch für die Braut Christi steht):

«Du, den meine Seele liebt, sag mir: Wo weidest du die Herde … Wozu soll ich erst umherirren bei den Herden deiner Gefährten.» (Hld 1,7)

*Allein* Jesus ist der Mittler zwischen Gott und den Menschen (1 Tim 2,5). Christus ist das Haupt eines jeden Menschen (vgl. 1 Kor 3,11). Niemals dürfen die Leiter und Pastoren, die er seiner Gemeinde gibt, seinen Platz einnehmen. Er hat sie uns gegeben, damit sie uns zu ihm führen. Der Herr hat Männer als Pastoren und Älteste eingesetzt, aber er ermahnte sie: «Sorgt als Hirten für die euch anvertraute *Herde Gottes.*» (1 Petr 5,2) Er beauftragte sie nicht damit, sich ihre eigene Herde zu schaffen. Die ganze Kirchengeschichte hindurch hat es die Leute gegeben, die sich ihre eigene Herde von Gläubigen schaffen wollten und sich so als Mittler zwischen den Herrn und sein Volk gestellt haben. Der Herr hat dies vorausgesehen und verhiess, dass es «nur eine Herde und einen Hirten» (Joh 10,16b) geben wird, wenn er sein Volk zusammenbringt. Die Aufgabe der wahren «Unterhirten» ist nicht, das Volk Gottes unter ihre Autorität zu bringen, sondern unter seine. Alle, die den Hirtendienst benutzt haben, um sich ihr eigenes Reich aufzubauen, werden bitter beschämt werden, denn der Haupthirte warnte uns einmal:

«Ihr aber sollt euch nicht Rabbi nennen lassen; denn nur einer ist euer Meister, ihr alle aber seid Brüder. Auch sollt ihr niemand auf Erden euren Vater nennen; denn nur einer ist euer Vater, der im Himmel. Auch sollt ihr euch nicht Lehrer nennen lassen; denn nur einer ist euer Lehrer, Christus. Der Grösste von euch soll euer Diener sein. Denn wer sich selbst erhöht, wird erniedrigt, und wer sich selbst erniedrigt, wird erhöht werden.» (Mt 23,8–12)

## Wahrer Dienst

Johannes der Täufer ist ein wundervolles Beispiel geistlichen Dienstes. Seine ganze Mission war darauf ausgerichtet, Jesus offenbar zu machen. Als Jesus kam, bereitete es ihm ehrliche Freude, in seinem eigenen Dienst in den Hintergrund zu treten. Aufgrund dieser Demut hat der Herr ihn weit über alle erhöht, als er sagte, dass es unter den Menschen keinen grösseren gegeben habe als ihn (Mt 11,11). Wenn wir – wie Johannes – den Sohn Gottes gesehen und von ihm Zeugnis abgelegt haben, dann wird es uns eine Freude sein, uns in unserem Dienst zurückzunehmen, wenn Jesus dadurch zunimmt. Alles geistliche Mühen hat das eine Ziel, Christus in seinem Volk Gestalt annehmen zu lassen. Wenn das passiert, gibt es nichts, worüber wir uns mehr freuen würden. Dies ist das Zeichen und das Zeugnis dafür, dass wir in ihm, dem Weinstock, geblieben sind, um Frucht zu bringen. Die wahren Freunde des Bräutigams freuen sich, wenn sein Tag kommt. Auch wenn es das Ende ihres eigenen Dienstes bedeutet.

Als Johannes der Täufer Jesus vorübergehen sah, sagte er zu den Jüngern: «Seht, das Lamm Gottes!» (Joh 1,36b) Als Johannes und Andreas das hörten, verliessen sie den Täufer und folgten Jesus nach. Als Jesus wahrnahm, dass sie ihm folgten, drehte er sich um und stellte ihnen die wohl wichtigste Frage, über die wir uns je Gedanken machen sollten: «Was wollt ihr?» (Vers 38) Diese Frage werden wir früher oder später wohl alle beantworten müssen. Warum folgen wir ihm? Johannes und Andreas antworteten mit einer Gegenfrage, die wahrscheinlich die beste Antwort überhaupt war: «Meister, wo wohnst du?» Als Jesus das hörte, forderte er sie auf, das zu tun, was seit Henoch der Herzenswunsch eines jeden ist, der wahrhaft Gott sucht: «Kommt und seht.» (Vers 39) Wir brauchen uns nicht damit zufriedenzugeben, darüber zu lesen oder die Zeugnisse derer anzuhören, die ihm nachgefolgt sind; Jesus kam, um jeden Einzelnen von uns einzuladen, ihm nachzufolgen, damit wir selber sehen können, wo er wohnt. Dieser Ort, an dem er wohnt, ist kein sichtbarer Ort; Jesus sprach hier vom Reich Gottes.

Am nächsten Tag wurde Andreas zum ersten Evangelisten in der Geschichte: Er traf seinen Bruder Simon Petrus und verkündete ihm, dass Jesus der Messias sei (Verse 41–42). Er versuchte nicht, Simon durch ein langes Schriftgespräch zu überzeugen; er erklärte ihm nicht einmal die «vier geistlichen Gesetze«; ganz einfach «führte er ihn zu Jesus» (Joh 1,42a).

Wenn wir zu Jesus und nicht nur zur Kirche oder zu einer bestimmten Lehre geführt werden, dann haben wir das einzig wahre Fundament gefunden. Dann wird unser Glaube wie bei Petrus wachsen. Petrus war ein ungebildeter, einfacher Fischer, und trotzdem stand er vor den mächtigsten und gelehrtesten Männern seines Landes und versetzte sie durch seine Autorität und Würde in Staunen. Petrus' Glaube gründete nicht in einer Lehre oder in der Zugehörigkeit zu einer Einrichtung; *er kannte Jesus.* Für Errettung gibt es kein Rezept – es ist eine Person. Wahrheit ist nicht einfach systematische Theologie – sie ist Jesus. Er kam, um unser Leben zu werden. Er ist das tiefste Sehnen des menschlichen Herzens. Nur in ihm fangen wir an, wahrhaft zu leben.

# TEIL 2

## *Der Herz ist das Kampffeld*

*Arglistig ohnegleichen ist das Herz und unverbesserlich. Wer kann es ergründen?*
*Jeremia 17,9*

Kapitel 9

# Jakob und Esau, Ruben und Josef

*Da senken sich die stolzen Augen der Menschen, die hochmütigen Männer müssen sich ducken, der Herr allein ist erhaben an jenem Tag. Denn der Tag des Herrn der Heere kommt über alles Stolze und Erhabene, über alles Hohe – es wird erniedrigt.* *Jesaja 2,11–12*

«Und doch liebe ich Jakob, Esau aber hasse ich.» (Mal 1,1–2)

Viele Christen haben mit dieser Schriftstelle Schwierigkeiten. Warum sollte der Herr einen lügnerischen und betrügerischen Intriganten wie Jakob einem so netten Kerl wie Esau vorziehen, der seine Eltern liebte, ihnen gehorsam war und fromm zu sein schien? Das erscheint vollkommen widersinnig. Aber Gott schaut nicht auf unser äusseres Wesen, er schaut ins Herz. Esau mag zwar äusserlich einen starken Charakter gehabt haben, aber er hatte einen schwachen Geist. Er zeigte, dass ihm sein Magen wichtiger war als sein Erbe in Christus. Er tauschte sein Erstgeburtsrecht als erster Sohn Isaaks für einen einzigen Teller Linsen ein! Das war für Gott ein Schlag ins Gesicht. Wenn wir begreifen, wie verabscheuungswürdig diese Tat war, werden auch wir entsetzt sein – und trotzdem haben viele Christen die gleiche Haltung.

Jesus verschaffte uns durch sein kostbares Blut die Möglichkeit, vor den Thron Gottes zu kommen. Und wie leicht tauschen wir dieses Vorrecht ein! Viele Christen verbringen mehr

Zeit mit sinnlosen Fernsehsendungen als mit der Schrift oder im Gebet. Es gibt eine Unmenge weiterer Ablenkungen, die uns oft von den grundlegendsten geistlichen Übungen abhalten. Ablenkungen, die oft noch viel weniger wert sind als ein einziger Teller Linsen! Wer von uns kann mit dem Finger auf Esau zeigen? Leben nicht viele von uns ein Leben, das für die Gnade Gottes ebenso ein Affront ist? Wie viele von uns tauschen nicht gedankenlos ihr ewiges Geburtsrecht in Christus für kurzzeitige sinnliche Befriedigungen ein?

## Mit Gott ringen

Im Gegensatz zu Esau schätzte Jakob das Erstgeburtsrecht so hoch ein, dass er sein Leben riskierte, um es zu bekommen. Er war sicher in vielen Dingen fleischlicher gesinnt als Esau, aber sein Herz brannte für sein geistliches Erbe. Deswegen war er bereit, für das Erstgeburtsrecht sogar sein Leben aufs Spiel zu setzen. Er wollte um jeden Preis den Segen Gottes erhalten. Seine Entschlossenheit ging so weit, dass er bereit war, mit Gott um den Segen zu ringen; was er letztlich dann auch tat (Gen 32,24–32).

Es ist Unsinn, aus Rebellion mit Gott zu ringen. Aber Gott möchte in uns, seinem Volk, die Entschlossenheit sehen, mit ihm um unser Erbe zu ringen. Jakob war entschlossen, sich an den Herrn zu hängen und ihn nicht eher wieder gehen zu lassen, bevor er ihn nicht gesegnet hatte. In welchem Gegensatz steht dazu die Art und Weise, in der wir den Herrn oft suchen! Wir beten vielleicht einmal ein hastiges Stossgebet oder setzen uns hin, um, wie wir es nennen, «ernsthaft» zu beten (eigentlich sollte es kein nicht ernsthaftes Gebet geben). Aber wenn Gott nicht bald darauf etwas tut, gehen wir schnell davon aus, dass unser Anliegen nicht Gottes Wille war, und geben auf. Der Herr ermutigte uns durch Jeremia: «Sucht ihr mich, so findet ihr mich. *Wenn ihr von ganzem Herzen nach mir fragt, lasse ich mich von euch finden.*» (Jer 29,13–14) Der Herr möchte, dass wir ihn suchen und auch finden! Er würde uns einen sehr schlechten Dienst erweisen, wenn sein Segen leicht zu erlangen wäre, denn dann würde er nur unserer Trägheit in geistlichen Dingen Vorschub leisten. Er lässt sich oft nur schwer finden, weil er uns dazu bringen will, ihn intensiver zu suchen. Er ist wie ein Vater, der sein Kind laufen lehrt und sich immer weiter von seinem Kind entfernt, damit das Kind mehr Schritte tun muss, um ihn zu erreichen. Er möchte uns dazu bringen, dass wir ihn zu jeder Zeit von ganzem Herzen suchen. Aber anstatt weitere Schritte auf ihn hin zu tun, geben wir oft auf, «setzen uns hin» und kommen ihm so überhaupt nicht näher.

Der Herr möchte nie, dass wir aufhören, ihn zu suchen, bevor wir ihn nicht gefunden haben. Er möchte all unsere Gebete beantworten. Auf manche wird die Antwort vielleicht «nein» sein. Aber wir sollten nie aufhören, ihn zu suchen, bis wir von ihm gehört haben. Schweigen ist noch keine Antwort auf Gebet. Wenn er manche unserer halbherzigen Gebete erhören würde, würde unser geistliches Wachstum Schaden nehmen. Wir dürfen nicht aufgeben, bis wir ihn gefunden haben.

Jakob gab nicht auf, um den Segen zu ringen, und deswegen erhielt er ihn. Und er erhielt nicht nur den Segen, den er begehrte; auch sein Wesen wurde durch dieses Ringen verändert. Um diese Veränderung deutlich zu machen, änderte der Herr seinen Namen Jakob, was «Fersenhalter» (einer, der sich widerrechtlich Macht aneignet) heisst, in den Namen Israel, was «ein Prinz mit Gott» bedeutet, «denn mit Gott und den Menschen hast du gestritten und hast gewonnen» (Gen 32,29b).

Wenn wir den Herrn beharrlich suchen, werden auch wir ihn finden, und dann wird auch unser Wesen von dem Kains in das Seines Sohnes verändert werden. Dann werden auch wir «Prinzen mit Gott» sein.

Ruben, Jakobs erster Sohn, hatte das gleiche Wesen wie sein Onkel Esau. Er liess es zu, dass sein Fleisch ihn um sein Erbe brachte, als seine fleischliche Lust ihn dazu trieb, das Bett seines Vaters zu beschmutzen. Als Jakob vor seinem Tod seine Söhne segnete, hatte er für Ruben nur Tadel übrig:

«Ruben, mein Erster, du meine Stärke, meiner Zeugungskraft Erstling, übermütig an Stolz, übermütig an Kraft, *brodelnd wie Wasser.* Der Erste sollst du nicht bleiben. Du bestiegst ja das Bett deines Vaters; geschändet hast du damals mein Lager.» (Gen 49,3–4)

Wie Esau tat sich Ruben vielleicht an Stolz und Kraft hervor, aber er wurde von seinem Fleisch beherrscht, und das kam ihn teuer zu stehen. Im Garten Eden fing es mit dem Mangel an Selbstbeherrschung an, und auch heute noch werden dadurch viele ihres ewigen Erbes in Christus beraubt. Wir sind uns selbst unsere grössten Feinde.

## Wovon Satan sich ernährt

Staub wird in der Schrift als Sinnbild für die «fleischliche Natur» des Menschen, das «Fleisch», verwendet (Adam wurde aus Staub geschaffen usw.). Der Fluch über der Schlange war, dass sie Staub fressen würde (Gen 3,14). Das bedeutet, dass Satan sich von der fleischlichen Natur des Menschen nährt. Durch die fleischliche Natur des Menschen wird Satans Herrschaft über den Menschen fortgeführt. Durch die Jahrhunderte hindurch bestand eine der erfolgreichsten Listen Satans darin, das Volk Gottes, indem er ihm die sofortige Befriedigung seines «Fleisches» anbot, um sein Erbe zu betrügen. Diese Taktik war so erfolgreich, dass er sie sogar bei Jesus anzuwenden versuchte. Er wusste, dass Jesus der Erbe der Welt sein würde. Aber er wusste auch, dass Prüfungen und Heiligung notwendig sind, bevor Gott seine Verheissungen wahrmachen würde. Deswegen schlug er ihm einen leichteren Weg vor. Satan machte Jesus den Vorschlag, ihm die Welt sofort und ohne Kreuz, ohne Leiden und ohne Warten zu geben. Nur mit der einen Bedingung, dass Jesus vor ihm niederknien und ihn anbeten müsste. Mit dieser verführerischen Täuschung hat Satan viele Christen dazu gebracht, den «leichten» Weg zu wählen, was sie letzten Endes in Ewigkeit bereuen werden. Lassen wir uns nicht täuschen! Satans Aufforderung, ihn anzubeten, ist selten so offensichtlich, dass man sie als solche erkennen könnte. Normalerweise tarnt sie sich als Aufforderung, den breiteren, häufiger begangenen Weg zu wählen.

Der Weg Gottes ist sehr schmal und schwierig, und es gibt keine Abkürzungen. «Durch viele Drangsale müssen wir in das Reich Gottes gelangen.» (Apg 14,22b) Viele Lehren haben dem Leib Christi einen leichteren Weg vorgeschlagen, nur führt dieser Weg nicht ins Reich Gottes. Mit Gott zu gehen bedeutet manchmal auch, gegen den Strom der ganzen Menschheit zu schwimmen. Und wenn ein Mensch dann gegen den Strom schwimmt, wird er Wellen in Gang setzen. Uns wurde klar gesagt: «So werden alle, die in der Gemeinschaft mit Christus Jesus ein frommes Leben führen wollen, verfolgt werden.» (2 Tim 3,12) Satan versucht seit Ewigkeiten verzweifelt, uns dazu zu bringen, dass wir uns zurücklehnen und mit dem Strom schwimmen, um Verfolgung und Unverständnis zu entgehen. Nur die, die ihre Berufung mehr lieben als Bequemlichkeit und Anerkennung, werden dem standhalten können.

Durch Mangel an Disziplin und Selbstbeherrschung ist in der Kirche Verheerendes angerichtet worden. Aber es gibt noch ein weiteres Problem, das vielleicht sogar noch mehr Schwierigkeiten gebracht hat. Bis heute lässt sich im Leib Christi die unbegreifliche Neigung feststellen, schwache geistliche Leiter zu akzeptieren. Dieses Verhalten lässt sich im Normalfall dadurch erklären, dass diese Leiter meistens «übermütig an Stolz und Kraft» erscheinen. Paulus beobachtete diese Neigung in der Gemeinde von Korinth: «Denn ihr nehmt es hin, wenn euch jemand versklavt, ausbeutet und in seine Gewalt bringt, wenn jemand anmassend auftritt und euch ins Gesicht schlägt.» (2 Kor 11,20) «Fleischliche Menschen» werden von «fleischlicher Stärke» angesprochen. Wir sind immer noch schnell dabei, jemandem zu folgen, der den anderen weit überlegen zu sein scheint.

Menschen nach Äusserlichkeiten zu beurteilen, ist ein weit verbreiteter Fehler; und auch für die, die den Herrn sehr gut kennen, besteht diese grosse Versuchung. Der grosse Prophet Samuel hatte Schwierigkeiten, diese Lektion zu lernen. Es ist erstaunlich, dass er nach seiner Enttäuschung mit Saul trotzdem so schnell bereit war, einen König nach seiner äusseren Erscheinung zu beurteilen; und als der Herr ihn zum Haus Isai sandte, um den Nachfolger zu salben, erlag er der gleichen Versuchung:

«Als sie kamen und er den Eliab sah, dachte er: Gewiss steht nun vor dem Herrn sein Gesalbter. Der Herr aber sagte zu Samuel: Sieh nicht auf sein Aussehen und seine stattliche Gestalt, denn ich habe ihn verworfen; Gott sieht nämlich nicht auf das, worauf der Mensch sieht. Der Mensch sieht, was vor den Augen ist, der Herr aber sieht das Herz.» (1 Sam 16,6–7)

Viele, die «übermütig an Stolz und Kraft» sind, sind «brodelnd wie Wasser» und haben keine geistliche Stärke. Die Kraft des Herrn erweist sich in der Schwachheit (2 Kor 12,9). «Das Schwache in der Welt hat Gott erwählt, um das Starke zuschanden zu machen.» (1 Kor 1,27b) Weder natürliche Stärken noch intellektuelle oder gesellschaftliche Tüchtigkeit sind Voraussetzung für geistliche Leiterschaft. Solche Qualitäten sind vielleicht sogar Hindernisse. Das bedeutet aber nicht, dass wir unbedingt Schwache oder weniger Intelligente als geistliche Leiter auswählen sollen. Durch dieses Beispiel soll nur deutlich gemacht werden, dass wir nicht aufgrund von Äusserlichkeiten urteilen sollen, das ist alles! Es ist von entscheidender Bedeutung, dass wir hören lernen, *wen der Geist Gottes* erwählt hat. Natürliche Fähigkeiten können nicht die Frucht des Geistes hervorbringen. Deshalb erwählt er oft das Schwache, um seine vollkommene Weisheit und Kraft zu offenbaren.

«Denn die Beschnittenen sind wir, die wir im Geist Gottes dienen und uns in Christus Jesus rühmen und *nicht auf irdische Vorzüge vertrauen.*» (Phil 3,3)

Der Herr machte durch den Propheten Jesaja die Haltung derer bekannt, die für ihn infrage kommen:

«So spricht der Herr: Der Himmel ist mein Thron und die Erde der Schemel für meine Füsse. Was wäre das für ein Haus, das ihr mir bauen könntet? Was wäre das für ein Ort, an dem ich ausruhen könnte? Denn all das hat meine Hand gemacht; es gehört mir ja schon – Spruch des Herrn. Ich blicke auf den Armen und Zerknirschten (um Wohnung in ihm zu nehmen) und auf den, der *vor meinem Wort zittert.*» (Jes 66,1–2)

Wahre Demut ist Voraussetzung, um ein Gefäss des Herrn zu sein. Der Stolz des Menschen liess ihn annehmen, er könne wie Gott sein. Genau der gleiche Stolz trennt uns auch weiterhin vom Herrn. Wenn wir ihn sehen, wie er ist, kann sich diese Anmassung nicht mehr halten. Das Lärmen der Grossen und Mächtigen der Welt erscheint erbärmlich und lächerlich, wenn wir den Herrn in seiner Herrlichkeit sehen. Die rechtschaffendsten Menschen der Welt sind zutiefst gedemütigt, wenn sie den Herrn sehen. Der «Grösste unter allen Menschen«, Johannes, hielt sich nicht einmal für würdig, ihm die Schuhriemen zu lösen. Was wäre das für ein Haus, das wir ihm bauen könnten? Selbst der begabteste Mensch könnte dieses Werk nicht vollbringen. Nur der Geist kann das hervorbringen, was Geist ist. Er beruft uns nicht um unserer Stärke willen. Er beruft uns wegen unserer Schwachheit. Gott hält nach denen Ausschau, die sich wie sein Sohn Jesus entäussern, um ein Sklave zu werden, nach Menschen, die ihr Vertrauen nicht auf die Fähigkeiten ihres Fleisches setzen, sondern bereit sind, ein Gefäss für seinen Geist zu werden.

Wegen des Stolzes der Menschen verbirgt der Herr seine Schätze oft hinter einem abstossenden Äusseren. Sogar Jesus, der Herr und Schöpfer des Universums, wurde in einem Stall geboren und wuchs in der verachtetsten Stadt der verachtetsten Nation der Welt auf. Der Prophet Jesaja schreibt: «Er hatte keine schöne und edle Gestalt, sodass wir ihn anschauen mochten. Er sah nicht so aus, dass wir Gefallen fanden an ihm.» (Jes 53,2b) Um ihn aufzunehmen, musste man seinen Stolz aufgeben. Er sucht nach denen, die nicht von Äusserlichkeiten angezogen werden, sondern vom Geist. Die Menschen in ihrem Stolz lehnten den ab, der der Eckstein der Schöpfung ist. In dem Mass, wie wir auf unseren Stolz (bzw. unser Vertrauen auf das, was der Mensch durch sein Fleisch vollbringen kann) hören, werden wir ihn ablehnen. Wenn wir Söhne Gottes sein wollen, müssen wir uns vom Geist Gottes leiten lassen. «Also schätzen wir von jetzt an niemand mehr nur nach menschlichen Massstäben ein.» (2 Kor 5,16a)

Ruben, Jakobs erster Sohn, war reich an Kraft und Würde, aber ihm fehlte innere Stärke. Josef war der Zweitjüngste und wurde von seinen Brüdern verachtet, aber Gott erwählte ihn als Erben des Erstgeburtsrechts:

«Die Söhne Rubens, des Erstgeborenen Israels: Ruben war der Erstgeborene. Da er aber das Bett seines Vaters entweiht hatte, wurde sein Erstgeburtsrecht den Söhnen Josefs, des Sohnes Israels gegeben. Doch richten sich die Stammeslisten nicht nach dem Erstgeburtsrecht; Juda erlangte nämlich die Herrschaft über seine Brüder, und einer aus ihm wurde der Fürst, obwohl das Erstgeburtsrecht bei Josef war.» (1 Chr 5,1–2)

Ruben beging die verabscheuenswürdige Tat, mit der Frau seines Vaters zu schlafen, was ihn das Erstgeburtsrecht kostete. Josef dagegen blieb auch in Situationen höchster Versuchung treu. Er wehrte sich gegen die Annäherungsversuche der Frau seines Herrn, obwohl er deswegen eingekerkert wurde. Und dies geschah, nachdem Josef bis dahin schon viele andere, unglaubliche Ungerechtigkeiten erlitten hatte. Er wurde in einem Land, das nicht einmal die grundlegendsten Moralbegriffe kannte, in Situationen gestellt, die bei jedem anderen dessen Entschlossenheit ins Wanken gebracht hätten. Aber Josef hatte ein Gesetz in seinem Herzen, das stärker war als äussere Umstände und Versuchungen. Als Bild des kommenden Messias wurde Josef auch von seinen Brüdern abgelehnt, aber dadurch auch zum Eckstein ihrer Rettung.

## Leib, Seele und Geist

Grundsätzlich besteht der Mensch aus drei Teilen, aus Leib, Seele und Geist. Der Leib besteht aus irdischen Grundstoffen.

Ein modernes Sprichwort sagt: «Man ist, was man isst.» Um unseren Körper gesund zu erhalten, sind ausgewogene Essgewohnheiten und ausreichend Bewegung erforderlich. Unsere natürliche Neigung tendiert im Normalfall dazu, «süss, fettig und kalorienreich» zu essen und dabei nicht einmal den grundlegenden Nährwertbedarf unseres Körpers zu decken. Ausserdem neigen wir dazu, faul zu sein und uns nicht zu bewegen. Für ausgewogene Essgewohnheiten und genügend Bewegung braucht man Disziplin.

Die Seele des Menschen besteht aus unserem Denkvermögen, den Gefühlen und dem Willen. Wie der Körper wird auch unsere Seele zu dem werden, womit wir sie nähren. Auch sie neigt dazu, lieber «ungesund zu essen» und ausser Form zu geraten. Jeder Same, der in unserem Verstand gesät wird, wird geerntet werden. Was wir lesen, denken, hören oder sehen, bestimmt den Gesundheitszustand unserer Seele. Wir müssen Disziplin üben, um in rechter Weise geistig aktiv zu sein.

Im Gegensatz dazu streckt sich der Geist eines wiedergeborenen Menschen nach Gott aus. Aber auch der Geist braucht richtige «Essgewohnheiten und Bewegung». Jesus sagte: «Die Worte, die ich zu euch gesprochen habe, sind Geist und sind Leben.» (Joh 6,63)

Seine Worte sind die Nahrung des Geistes, wahre Anbetung und Gebet sind die Bewegung. Da der Mensch geschaffen wurde, um Gemeinschaft mit Gott zu haben, herrscht in seinem Leben so lange eine geistliche Leere, bis diese Gemeinschaft mit Gott wiederhergestellt ist. Aber wie ein Mensch, dem man lange nahrhaftes Essen verweigert hat, auch ungesundes Essen gierig verschlingt, wird jemand, der nie richtige geistliche Nahrung bekommen hat, diesen Hunger mit Dingen stillen, die von bösen Geistern stammen. Darin liegt der Grund, warum gerade die, die ihrer Aussage nach Materialisten sind oder die überhaupt nicht an das Übernatürliche glauben, oft in die übelsten Formen von Spiritismus und Okkultismus verfallen.

Aufgrund dieser geistlichen Leere in uns fühlen sich alle Menschen zum Übernatürlichen hingezogen. Der Mensch wurde geschaffen, um mit einem Gott, der Geist ist, Gemeinschaft zu haben. Deswegen ist die Beziehung zum Übernatürlichen für den Menschen auch «natürlich» und normal. Aber wenn wir nicht die übernatürliche Kraft Gottes kennen, stehen wir in der Gefahr, auf die übernatürliche Kraft des Feindes hereinzufallen. Aus diesem Grund sagte der Apostel Paulus, dass seine Botschaft und Verkündigung «nicht Überredung durch gewandte und kluge Worte, sondern mit dem Erweis von Geist und Kraft verbunden (war), damit sich euer Glaube nicht auf Menschenweisheit stützte, sondern auf die Kraft Gottes» (1 Kor 2,4–5). Die Schrift sagt, dass der geistliche Konflikt in zunehmendem Masse auf einer übernatürlichen Ebene ausgetragen werden wird, wenn wir uns dem Ende der Zeiten nähern. Unser Schutz davor, um nicht auf die trügerische übernatürliche Kraft Satans hereinzufallen, liegt nicht darin, jede Art geistlicher Kraft abzulehnen, sondern darin, die wahre übernatürliche Kraft Gottes zu kennen. Der menschliche Hunger nach Übernatürlichem wird gestillt werden. Auf welche Art, das liegt in unserer Entscheidung.

Sehr schwache Menschen werden von ihren Körpern beherrscht. Sie werden von plötzlichen Einfällen, Gewohnheiten und fleischlichen Lüsten gesteuert. In diese Kategorie können wir Ruben und Esau einreihen. Andere werden von ihrer Seele, von Emotionen, Gefühlen und Meinungen beherrscht. Aber der Herr hat uns dazu berufen, uns vom *Geist* leiten zu lassen. «Denn alle, die sich vom Geist Gottes leiten lassen, sind Söhne Gottes.» (Röm 8,14) Der Herr möchte, dass unser Körper, unsere Seele und unser Geist gesund sind und unter der Leitung seines Geistes stehen.

Wenn wir erst seit kurzer Zeit bekehrt sind, legen wir zwangsläufig den Schwerpunkt unseres geistlichen Lebens darauf, die Schwierigkeiten in den Bereichen unseres Lebens zu beheben, die Körper und Seele angehen. Und in den meisten Fällen gibt es in diesen Bereichen Probleme, um die wir uns unverzüglich kümmern müssen. Der Körper und die Seele sollten aber nicht im Brennpunkt unserer Aufmerksamkeit stehen. Vor der Bekehrung sind sich die meisten Leute der geistlichen Seite ihrer Natur überhaupt nicht bewusst. Traurigerweise haben auch viele Christen ihr ganzes Leben lang keine Ahnung von ihrer geistlichen Natur. Bezüglich geistlichen Wachstums lag bisher immer eine allzu starke Betonung auf dem Bereich der Seele: Erkenntnis, Weisheit, Einsicht und Beherrschung des Willens. Diese Dinge sind wichtig, und ich würde ihren Wert nie schmälern wollen, aber unser Leben in Christus besteht nicht nur daraus!

«Aber die Stunde kommt, und sie ist schon da, zu der die wahren Beter den Vater anbeten werden im Geist und in der Wahrheit; denn so will der Vater angebetet werden. Gott ist Geist, und alle, die ihn anbeten, müssen im Geist und in der Wahrheit anbeten.» (Joh 4,23–24)

Der Herr sagte, dass seine Worte *Geist und Leben* seien. Er sagte, dass seine Schafe seine Stimme kennen. Seine Stimme zu kennen, ist das Wichtigste in unserem Leben. Die, die sich vom Geist leiten lassen, sind die Söhne Gottes. Wir sollen uns nicht von plötzlichen Einfällen, Gefühlen oder unserem Denken leiten lassen. Viele haben sich aufgrund von Exzessen und Fehlern in diesem Bereich davor zurückschrecken lassen, zu versuchen, dem Geist Gottes zu folgen. Es ist ein gerader, schmaler Weg, der zu wahrem *Leben* führt. Es ist möglich, nach allen Regeln und Prinzipien der Schrift, nach bestem menschlichen Wissen und nach allem, was das emotionale Gleichgewicht aufrechterhält, zu leben – und trotzdem kann man weit vom Willen Gottes entfernt sein. Wenn wir sein Eigentum sein wollen, ist es entscheidend, dass wir seine Stimme kennen und von seinem Geist geleitet werden.

Kapitel 10

# Pharao, Mose und geistliche Autorität

*Denn uns ist ein Kind geboren, ein Sohn ist uns geschenkt. Die Herrschaft liegt auf seiner Schulter; man nennt ihn: Wunderbarer Ratgeber, Starker Gott, Vater in Ewigkeit, Fürst des Friedens. Seine Herrschaft ist gross und der Friede hat kein Ende. Auf dem Thron Davids herrscht er über sein Reich; er festigt und stützt es durch Recht und Gerechtigkeit, jetzt und für alle Zeiten. Der leidenschaftliche Eifer des Herrn der Heere wird das vollbringen.*
*Jesaja 9, 5–6*

Pharao steht als Bild für Satan, der gegenwärtig das Weltgefüge beherrscht. Er ist eine weitere Personifikation der Nachkommenschaft der Schlange. In Pharao erkennen wir viele der gleichen Mittel und Wege, die Satan auch heute noch benutzt, um das Volk Gottes in Knechtschaft zu halten. Wir sehen in Pharao auch die gewaltsame Ausübung von Macht, die ihre Wurzel im egoistischen Ehrgeiz der rebellischen Menschennatur hat.

Mose dagegen steht als Bild für Christus, der gekommen ist, um das Volk Gottes zu befreien. Mose sagte Israel durch ein prophetisches Wort: «Einen Propheten *wie mich* wird dir der Herr, dein Gott, aus deiner Mitte, unter deinen Brüdern, erstehen lassen. Auf ihn sollt ihr hören.» (Dtn 18,15) Er verkündete, dass sein Leben eine Ankündigung des Propheten war, der kommen sollte – Jesus. Die Parallelen in ihren Leben lassen sich leicht feststellen: Als Mose auf die Welt kam, ordnete Pharao an, dass alle kleinen Jungen, die in Israel geboren wurden, vernichtet werden sollten (Ex 1,22). Auf die gleiche Weise versuchte Herodes, Jesus zu töten, indem er alle kleinen Jungen in Bethlehem töten liess. Als Mose sich seinem Volk das erste Mal zu erkennen gab, lehnten sie ihn als Retter ebenso ab, wie sie Jesus ablehnten, als er das erste Mal nach Israel kam. Als Mose das zweite Mal kam, kam er mit grosser Kraft. Es gibt viele andere Beispiele im Leben und Dienst des Mose, die prophetisch dem Leben Jesu entsprechen. In Mose haben wir auch ein wunderbares Beispiel des aufopferungsvollen Wesens echter geistlicher Autorität, das dem ichbezogenen Wesen menschlicher Autorität konträr entgegensteht.

Unter Pharaos Herrschaft wurde Israel geknechtet und musste schwere Fronarbeit leisten. Der Herr sandte Mose, um Israel zu befreien und in ein Land zu bringen, in dem Milch und Honig floss, damit sie Ruhe finden würden. Hier erkennen wir einerseits das Reich dieser Welt und andererseits das Reich Gottes. Das eine Reich versucht, seine Untertanen immer mehr zu knechten, während das andere Menschen freisetzen möchte. In dieser Welt erreicht man fast nichts, ohne sich abmühen zu müssen. Damit ist nicht einfach die Arbeit gemeint, denn auch vor dem Fall – im Garten Eden – arbeitete der Mensch (er bestellte ihn). Der Fluch der Mühsal aber war eine Folge der Sünde (Gen 3,17). Mühsal ist Arbeit, die nur *unter grosser und quälender* Anstrengung vollbracht werden kann. Auch im Reich Gottes müssen wir arbeiten. Aber das Joch des Herrn drückt nicht, und seine Last ist dazu leicht. Im Reich Gottes wird viel mehr mit viel weniger Anstrengung erreicht. Alle Mühsal bringt Erschöpfung. Wenn wir aber in Christus arbeiten, werden wir, egal, ob wir dies im weltlichen oder geistlichen Bereich tun, Ruhe und Erfrischung finden.

«Nehmt mein Joch auf euch und lernt von mir; denn ich bin gütig und von Herzen demütig; so werdet ihr Ruhe finden für eure Seele.» (Mt 11,29)

Satans Versuche, uns zu knechten, sind oft sehr schwer zu erkennen; manchmal haben sie sogar den Anschein, als würden sie Freiheit bedeuten. Aber die «Freiheit» dieser Welt führt immer in Gebundenheit. «Freiheit versprechen sie ihnen und sind doch selbst Sklaven des Verderbens, denn von wem jemand überwältigt worden ist, dessen Sklave ist er.» (2 Petr 2,19) Der gegenwärtige Trend zu sexueller Freiheit ist ein gutes Beispiel dafür. Je «freier» einer in seinem Streben nach Befriedigung vorgeht, desto weniger Befriedigung erfährt er. Bald wird diese «Freiheit» zu einem Zwang, durch neue und andersartige Erfahrungen Befriedigung zu finden. Diese steigern nur das Verlangen, bringen aber immer weniger Erfüllung; und das geht so weit, bis nur noch perverse Praktiken anziehend erscheinen. Der Grad an Perversion wird so lange ansteigen, bis der Mensch von der Suche nach Befriedigung letzten Endes verzehrt und zerstört ist.

In Christus gilt das Gegenteil. Was von aussen wie Gebundenheit aussieht, macht uns frei. Gott hat das sexuelle Verlangen des Menschen geschaffen, um ihm Erfüllung zu schenken. Das Erste, von dem Gott gesagt hat, dass es nicht gut sei, war, dass der Mensch allein sei. Indem Gott die Frau schuf, die dem Mann entsprach (wörtl. «zu ihm passte», Gen 2,18), machte er deutlich, dass der Mensch einen Gefährten braucht. Das Zusammenpassen bezieht sich nicht nur auf den Bereich des Körperlichen, sondern es umfasst auch Seele und Geist. Geschlechtsverkehr ist nur eine Ebene der Beziehung, die der Herr für Mann und Frau vorgesehen hat. Nur wenn wir in unsere Beziehung alle drei Bereiche integrieren, werden wir *eins werden.* Der Herr hat die Ehe eingesetzt und ausserehelichen Geschlechtsverkehr verboten, damit wir die Erfüllung dessen erfahren können, was wir in unserem Tiefsten suchen: Einswerden in den Bereichen von Seele, Geist und Körper.

Jedes Mal, wenn zwei Menschen aus egoistischen Motiven miteinander Geschlechtsverkehr haben, sind sie danach einsamer als zuvor. Durch Einsamkeit wächst unser Verlangen, mit jemandem zusammen zu sein, und wir interpretieren dies dann als ein Bedürfnis nach häufigerem Geschlechtsverkehr. Häufig bleibt dabei nur noch die körperliche Beziehungsebene übrig. Sexuelle Begierde hat ihre Wurzel in Unsicherheit, die eine Folge von Einsamkeit ist. Sie ist ein nie endender Kreislauf, der immer schlimmer wird, je weiter er geht. Wenn man aber aus Liebe und Hingabe an den ehelichen Bund und den Partner miteinander sexuelle Gemeinschaft hat, kann das die Intimität der Beziehung auf allen drei Ebenen erheblich verbessern. Natürlich ist der Rahmen der Ehe keine Garantie dafür, dass man mit der Gabe der Sexualität in rechter Weise umgeht. Aber praktizierte Sexualität ausserhalb der Ehe ist *niemals* richtig. Durch die innerhalb der Ehe erfahrene Einheit beginnen wir das grössere Einswerden von Christus mit seiner Gemeinde, seinem Leib zu begreifen. Und dadurch wächst das Sehnen unseres Geistes, mit ihm eins zu werden. In diesem Einswerden liegt eine Befriedigung und Erfüllung, die die Welt nicht versteht, denn in ihr liegt die Erfüllung dessen, wofür wir geschaffen worden sind.

«Alles, was für unser Leben und unsere Frömmigkeit gut ist, hat seine göttliche Macht uns geschenkt.» (2 Petr 1,3) Nur in ihm können wir Erfüllung finden. Jede Pervertierung der menschlichen Natur hat ihre Wurzel darin, dass der Mensch versucht, ohne Gott Erfüllung und Sicherheit zu finden. Dieses Streben führt nur zu Unzufriedenheit und Unsicherheit. Einsamkeit ist die Wurzel von vielem Bösen. Genau genommen ruht in uns allen das *Bedürfnis, «unseren Platz zu finden»,* mit der Schöpfung eins zu werden. Das Reich Gottes ist der Ort, an dem sich letztlich alle Spannungen lösen werden, weil der Schöpfer mit seiner Schöpfung in Einklang kommt. Alle Schöpfung ist darauf hin angelegt, in Einklang miteinander zu kommen. Aber durch seine Entschlossenheit, auf eigene Faust Erfüllung zu finden, hat der Mensch diese Harmonie zerstört. Je weiter sich der Mensch von dieser Gesamtharmonie wegbewegt, desto mehr ist er darauf angewiesen, dass seine Wichtigkeit und Stellung zur Geltung kommen. Wenn sich jemand mit dieser Motivation vorsätzlich Autorität aneignet, wird er aufgrund seiner Bedürftigkeit nach Anerkennung innerer Unsicherheit und oft sogar Wahnsinn zum Opfer fallen. Seine Bemühungen führen nur zu noch grösserer Bedürftigkeit und Unzufriedenheit. Bis zum Kommen des Reiches Gottes werden Menschen unaufhörlich Clubs, Vereine, Gesellschaften und Ausschüsse bilden, um sich irgendwo «zugehörig» zu fühlen. Sie werden immer um Stellung und Ansehen ringen. Das lindert ihre grundlegende Not zu einem gewissen Grad. Die, die wirklich mit Christus und seinen Absichten eins geworden sind, brauchen diese Eitelkeiten nicht. Wenn ein Mensch in ihm Erfüllung gefunden hat, ist es ihm gleichgültig, ob er nun der Erste oder der Letzte ist. Seine Position ist ihm unwichtig … wichtig ist nur die Frucht, die er bringt. Wenn man wirklich die gleichen Ziele verfolgt, dann tritt die eigene Position in den Hintergrund.

## Die Angst vor Ablehnung

Solange der Mensch noch nicht erlöst und mit Christus wieder eins geworden ist, trägt er in sich immer noch die Ablehnung Kains. Wenn der Mensch nicht in Jesus ist, *kann* er von Gott *nicht* angenommen werden. Die Nachkommen wissen tief in ihrem Herzen, dass Gott sie ebenso wenig annehmen kann, wie Kains Werke von Gott als Opfer angenommen werden konnten. Die Angst vor Ablehnung ist wohl die treibendste Kraft im Leben derer, die noch nicht «mit Christus gekreuzigt» worden sind. Es ist nicht gut für den Menschen, allein zu sein; und dennoch treibt die Angst vor Ablehnung Menschen dazu, genau vor dem zurückzuschrecken, was sie zu ihrer Erfüllung brauchen. Angst bringt den Menschen dazu, Mauern von Unabhängigkeit und Selbstgenügsamkeit aufzubauen, um sich vor eventueller Ablehnung schützen zu können. Diese Mauern führen jedoch oft zu weiterer Ablehnung, die die Betroffenen dann noch weiter ins Abseits treibt. Es ist ein Teufelskreis.

Kain wurde abgelehnt, weil er Gott unter seinen Bedingungen suchte. Diese Überheblichkeit war hauptsächlich dafür verantwortlich, dass der Geist des Menschen irregeleitet und verzerrt wurde. Diese zutiefst in Disharmonie gründende Haltung blieb auch nach dem Fall tief im menschlichen Geist verankert. Unsichere Menschen fühlen sich durch alles bedroht, was sie nicht kontrollieren können. Und je weiter ein Mensch sich von dem Einswerden mit Gott und anderen Menschen, das er so dringend braucht, distanziert, desto grösser wird seine Unsicherheit. Beziehungen werden zum Mittel reduziert, um andere Menschen zu manipulieren und kontrollieren.

Beziehungen sind keine Verbindungen mehr, sondern Kleinkriege, die oft nur weiter aufrechterhalten werden, weil man sich vor dem Alleinsein noch mehr fürchtet. Wenn wir uns mit jemandem unter Bedingungen zusammentun, die unsere Kontrolle erforderlich machen, dann verhindern diese Bedingungen wirkliche Einheit. Solange Egoismus und Selbstschutz im Spiel sind, kann es keine wirkliche Einheit geben. Dies sind die wahren Hindernisse, die uns voneinander und vom Herrn trennen. Um miteinander wahrhaft eins zu werden, müssen wir uns vollständig an den anderen hingeben. Um überhaupt geben zu können, müssen wir unsere Mauern und Barrieren niederreissen. Und erst dann können wir wirklich empfangen. Wir müssen unser Leben erst verlieren, wenn wir es finden wollen (vgl. Joh 12,24–26).

In Christus wird die Ablehnung Kains von uns genommen. In ihm erfahren wir Gottes Annahme, die tiefer geht als jede andere. In seiner Liebe sind wir sicher. Wir können ihm vertrauen, denn sein Kreuz hat bewiesen, dass er nur das Beste für uns im Sinn hat. Wenn wir unter seiner Herrschaft und Leitung Sicherheit finden, lässt der Zwang nach, andere Leute und Umstände kontrollieren zu müssen. Dann sind wir in der Lage, wirklich in die «Sabbatruhe» Gottes einzutreten. Und erst dann sind wir fähig, in seinem Reich auch Leitungsaufgaben zu übernehmen.

Wenn jemand von Angst beherrscht wird, ist sein gesamtes Wahrnehmungsvermögen verzerrt. Bis der Mensch wieder mit Gott in Einklang steht, ist er zutiefst allein. Er mag vielleicht Beziehungen zu anderen haben, aber wahres Einswerden ist nicht möglich, bevor die vollkommene Liebe Gottes nicht all seine Ängste vertrieben hat. Für Menschen mit Angst ist die Welt eine Bedrohung und das Leben ein Kampf um Macht. Wenn diese Menschen in einer bestimmten Situation an die Macht kommen, wird ihre Herrschaft immer in Unterdrückung enden. Menschen mit dieser tief sitzenden und oft unbewussten Angst neigen zu Überreaktionen, sobald ihre Position entweder tatsächlich oder auch nur in ihren Augen bedroht wird.

Ein altes Sprichwort lautet: «Macht korrumpiert, absolute Macht macht absolut korrupt.» Dies trifft auf alle Personen zu, die nach Macht streben, sich aber nicht unter die Autorität Christi gestellt haben. Machtgier wird von der Unsicherheit des Menschen genährt. Oft ist Machtstreben nur ein Verteidigungsmechanismus, um sich selbst vor Ablehnung zu schützen. Aber Macht über andere wird Ängste niemals lindern, sondern sie nur zunehmen lassen. Je mehr wir uns abmühen, die Herrschaft über unsere kleinen Königreiche aufrechtzuerhalten, desto schwerer werden die Lasten. Nur wenn wir «unser Leben verloren» (d. h. unsere Machtansprüche) und Christus die Herrschaft übergeben haben, finden wir Leben und Freiheit. Jeder Mensch, der – ohne die Liebe Gottes zu kennen – in einer Machtposition steht, läuft Gefahr, dass schon die kleinste Abweichung von der Lehre oder der geringste Ausdruck freien Denkens für ihn auf geradezu absurde Weise bedrohlich wirkt. Personen, die ihr Leben wirklich Gott übergeben haben, werden sich von Angriffen nicht bedroht fühlen und sich von Ablehnung nicht beirren lassen. Solche Leiter werden nicht davon bedrückt sein, weil sie sich bedroht oder missverstanden fühlen, sondern weil viele Menschen in die Irre gehen und Jesus nie richtig kennen gelernt haben. Ganz gleich, wie fromm der Anschein der Leiter sein mag, die ihre Autorität letztlich aus selbstsüchtigen Motiven ausüben, sie sind korrupt. Leiter, deren Leben Jesus gehört, werden mit Autorität äusserst sorgsam umgehen. Sie wissen, dass sie nur Jesu Diener sind.

An Pharao können wir die typische Reaktion der Nachkommen Kains studieren. Als Mose für Israel Freiheit verlangte, machte Pharao die Lasten seiner Sklaven noch schwerer (Ex 5,9). Immer wenn Untergebene versuchen, Freiheit zu erlangen, werden die Nachkommen Kains auf dieses Bestreben mit noch mehr Druck reagieren, und ihre tief sitzende Angst wird noch irrationaler werden. In jeder Autorität, die getrennt von Gott ausgeübt wird, schlummert Korruption.

Der Herr schuf den Menschen, damit er über die Fische des Meeres, die Vögel der Luft und alle Lebewesen, die sich auf dem Land regen, herrsche (Gen 1,28); aber es war ursprünglich nicht seine Absicht, dass Menschen über andere Menschen herrschen sollten. Gott wusste, weswegen er der Einzige sein wollte, der Autorität über den Menschen hat. Als der Mensch sich aber seiner Herrschaft widersetzte und seinen eigenen Weg gehen wollte, hat der Herr Menschen über andere Menschen eingesetzt, um die Welt nicht in Anarchie versinken zu lassen. Deshalb haben die Apostel die ersten Gemeinden ermahnt, sich jeder irdischen Autorität zu unterwerfen:

«Jeder leiste den Trägern der staatlichen Gewalt den schuldigen Gehorsam. Denn es gibt keine staatliche Gewalt, die nicht von Gott stammt; jede ist von Gott eingesetzt. Wer sich daher der staatlichen Gewalt widersetzt, stellt sich gegen die Ordnung Gottes, und wer sich ihm entgegenstellt, wird dem Gericht verfallen. Vor den Trägern der Macht hat sich nicht die gute, sondern die böse Tat zu fürchten; willst du also ohne Furcht vor der staatlichen Gewalt leben, dann tue das Gute, so dass du ihre Anerkennung findest. Sie steht im Dienst Gottes und verlangt, dass du das Gute tust. Wenn du aber Böses tust, fürchte dich! Denn nicht ohne Grund trägt sie das Schwert. Sie steht im Dienst Gottes und vollstreckt das Urteil an dem, der Böses tut.» (Röm 13,1–4)

«Unterwerft euch um des Herrn willen jeder menschlichen Ordnung: dem Kaiser, weil er über allen steht, den Statthaltern, weil sie von ihm entsandt sind, um die zu bestrafen, die Böses tun, und die auszuzeichnen, die Gutes tun.» (1 Petr 2,13–14)

Auch wenn es viele Diktatoren, Könige und Staatsführer gab, in denen der Geist des Bösen offensichtlich war, wird nie jemand als Herrscher und Mächtiger eingesetzt, wenn Gott es nicht zulässt. Wir werden die Pläne des Herrn in vielen Dingen vielleicht nicht verstehen, aber jeder Herrscher, den er an die Macht kommen lässt, hält eine gewisse weltliche Ordnung aufrecht. Er weiss um die Korruption, die in Nichtchristen durch Macht geweckt werden kann; deshalb ermahnt er sein Volk, für alle Menschen zu beten, die Autorität ausüben. Wenn wir ohne die Gnade Gottes den gleichen Druck und die gleichen Versuchungen aushalten müssten wie die, die in Autorität sind, würden wir sehr ins Straucheln kommen. Wir sollten sie auch dann noch unterstützen, wenn andere sie verlassen. Damit sage ich nicht, dass wir den Nazis, gesetzt den Fall, sie sollten noch einmal an die Macht kommen, die Adressen aller Juden aushändigen sollten, die wir kennen. Ganz offensichtlich gibt es bei diesem Gebot auch Ausnahmen und Grenzen. Als der Hohe Rat von den Aposteln verlangte, dass sie aufhören sollten, im Namen Jesu zu predigen, antworteten sie: «Man muss Gott mehr gehorchen als den Menschen.» (Apg 5,29) Die Autorität Gottes steht über aller menschlichen Autorität. Wenn seine Autorität mit menschlicher Autorität in Konflikt kommt, müssen wir an erster Stelle ihm gehorchen. Das ist allerdings der einzige Grund, eingesetzten Autoritäten unseren Gehorsam zu verweigern.

Obwohl König Saul von einem bösen Geist besessen war, obwohl Gott gesagt hatte, dass er ihn absetzen werde, und obwohl Saul schon mehrmals versucht hatte, David umzubringen, «schlug David das Gewissen, weil er einen Zipfel vom Mantel Sauls abgeschnitten hatte» (1 Sam 24,6). Davids Furcht, jemanden anzurühren, den der Herr eingesetzt hatte, war grösser als persönlicher Groll oder Ehrgeiz. David war schon an

Sauls Stelle zum König gesalbt worden; aber er weigerte sich, dieses Amt sich selbst anzueignen. Dieser Glaube an die gerechten Entscheidungen und die vollkommenen Wege des Herrn ist ein Hauptgrund, weshalb der Herr David ein Königreich versprochen hat, das ewig währen würde. Hätte er sich die Königsherrschaft selbst angeeignet, wäre ihm das Gleiche widerfahren. Denn wir alle werden das ernten, was wir gesät haben. In dem Mass, wie wir uns abmühen, aus eigener Kraft das zu erreichen, was der Herr für uns bestimmt hat, in dem Mass wird unsere Autorität geschwächt werden. Auch wenn die Autorität in der Welt unter der Korruption des gefallenen Menschen leidet, müssen wir uns ihr «um unseres Gewissens willen» unterordnen (das gleiche Gewissen, das David mahnte, weil er Sauls Mantel angerührt hatte). In manchen Fällen und unter gewissen Umständen werden wir der Staatsgewalt ungehorsam sein müssen, aber wir sollten uns nicht gegen sie stellen, weil Gott «der Richter ist; den einen erniedrigt er, den anderen erhöht er» (Ps 75,8).

Auch wenn Gott nicht ursprünglich Menschen eingesetzt hat, um über Menschen zu herrschen, so ist dies doch so lange notwendig, bis das Reich Gottes wiederhergestellt wird. Das Wichtigste im ganzen Zeitalter der Gemeinde Jesu war, die treuen Nachfolger zu prüfen und zu läutern, die im kommenden Zeitalter mit ihm herrschen werden. Dieses Reich wird tausend Jahre dauern (Offb 20,4), und danach wird ihm alles wieder unterworfen sein (1 Kor 15,28). Wenn der Tag des Herrn nach tausend Jahren vollendet ist, wird keiner «mehr den anderen belehren, man wird nicht zueinander sagen: Erkennt den Herrn!, sondern sie alle, Klein und Gross, werden mich erkennen. Spruch des Herrn.» (Jer 31,34) Das war der ursprüngliche Plan – dass wir alle den Herrn auf innige Weise kennen und ihm gegenüber verantwortlich sein sollten; und das ist der Zustand, in den die Menschheit wieder zurückkehren wird. Jede Autorität, die der Herr für und durch sein Volk einsetzt, dient diesem Ziel. Ich spreche hier nicht von der Autorität, die eingesetzt ist, um so lange die allgemeine Ordnung aufrechtzuerhalten, bis das Reich Gottes gekommen ist; diese Autorität ist grundlegend anders und besteht für ein anderes Endziel. Jesus sagte:

«Ihr wisst, dass die Herrscher ihre Völker unterdrücken und die Mächtigen ihre Macht über die Menschen missbrauchen.

Bei euch soll es nicht so sein, sondern wer bei euch gross sein will, der soll euer Diener sein, und wer bei euch der Erste sein will, soll euer Sklave sein. Denn auch der Menschensohn ist nicht gekommen, um sich dienen zu lassen, sondern um zu dienen und sein Leben hinzugeben als Lösegeld für viele.» (Mt 20,25–28)

In dieser Schriftstelle missbilligt der Herr nicht die Autorität heidnischer Herrscher. Ganz im Gegenteil! Er sagt, dass sie von Gott eingesetzt ist. Aber er stellt in diesem Zusammenhang auch klar, dass Autorität im Reich Gottes etwas ganz anderes ist.

Es gibt zwei Arten von Leitern: Diejenigen, welche die Menschen benutzen, um ihre eigenen Interessen durchzusetzen, und solche, welche sich für das Wohl der Menschen aufopfern. Der erste Typ kennzeichnet das Wesen weltlicher Autorität, der zweite göttliche Autorität. Um seine Macht über die Juden aufrechtzuerhalten, nahm der Pharao sogar in Kauf, sein Land zugrunde gehen zu lassen. Mose ist das beeindruckende Gegenstück zu Pharaos Ichbezogenheit. Er ist ein wunderbares Beispiel für Autorität im Reich Gottes: Obwohl Israel ihm anhaltend Widerstand und Ablehnung entgegenbrachte, liebte er diese Leute und identifizierte sich so sehr mit ihnen, dass er sein eigenes Leben zu opfern bereit war, um den Zorn Gottes über ihnen zu beschwichtigen. Das ist das Wesen all derer, die Autorität im Geist Jesu ausüben.

«Seid untereinander so gesinnt, wie es dem Leben in Christus Jesus entspricht: Er war Gott gleich, hielt aber nicht daran fest, wie Gott zu sein, sondern er entäusserte sich und wurde wie ein Sklave und den Menschen gleich. Sein Leben war das eines Menschen; er erniedrigte sich und war gehorsam bis zum Tod, bis zum Tod am Kreuz. Darum hat ihn Gott über alle erhöht und ihm den Namen verliehen, der grösser ist als alle Namen, damit alle im Himmel, auf der Erde und unter der Erde ihre Knie beugen vor dem Namen Jesu.» (Phil 2,5–10)

Für die Nachkommen Kains stellt Autorität eine Gelegenheit dar, sich selbst darzustellen und wichtig zu machen. «In Christus» bedeutet der Ruf in Autoritätspositionen einen Ruf, sich selbst zu opfern; es ist der Ruf, ein Diener zu werden und die eigenen Interessen aufzugeben. In Christus zu herrschen befriedigt nicht das Ego, sondern es bedeutet Entäusserung. In Christus dienen wir nicht, um uns Ansehen zu verschaffen, sondern um uns zu «*entäussern*». Pharao war einer der arrogantesten Menschen jener Zeit und versuchte sogar, gegen Gott zu kämpfen. Von Mose wird geschrieben, dass er «demütiger war als alle Menschen auf der Erde» (Num 12,3).

Ehrgeiz ist eine der destruktivsten Charakterzüge im Dienst für Gott und hat viel zu der Verirrung und Demütigung beigetragen, die heute in vielen Diensten zu sehen ist. Wenn Menschen verfrüht in Leitungspositionen eingesetzt werden, so hat das sowohl für den Leiter als auch für den, der mit ihm zu tun hat, tragische Folgen. Wenn ein Mensch geistliche Autorität übertragen bekommt, bevor er nicht zu einem guten Teil von «fleischlichen Motivationen» befreit worden ist, wird diese Autorität die fleischliche Natur nur nähren und vielleicht sogar echte geistliche Autorität verhindern. Um es noch einmal deutlich zu sagen: «Zu früh verliehene Verantwortung hat Oberflächlichkeit zur Folge.»

Autorität war im Leib Christi in den letzten zehn Jahren ein Thema. Obwohl dieses Thema auch Streit und Verwirrung verursacht hat, hat es doch viele herausgefordert, das wahre Wesen geistlicher Autorität zu verstehen. Viele haben die Lektion gelernt, nicht der erstbesten Lehre zu folgen, die gerade an Popularität gewinnt. Viele Lehren entstehen in lauterer Absicht. Aber eben diese menschliche, lautere Absicht verführte Israel dazu, nach einem König zu verlangen. Das Ergebnis war Saul. Der Herr wollte Israel zur rechten Zeit einen König geben (er hatte den Propheten Samuel speziell dazu berufen, Israel auf den kommenden König vorzubereiten); aber das Volk konnte den Zeitpunkt, den Gott gewählt hatte, nicht abwarten. Traurigerweise scheint sich das jedes Mal dann zu wiederholen, wenn der Herr in besonderer Weise wirken möchte. Weil Gott Menschen für eine bestimmte Not sensibilisiert hat, beginnen sie, das Problem zu erkennen. Aber aus Ungeduld drängen sie darauf, dass der Herr vor dem richtigen Zeitpunkt handelt. Aus diesem Grund scheint es, was die Lehre angeht, bisher immer zuerst einen Ismael oder Saul gegeben zu haben, bevor ein Isaak oder David erschien. Immer wieder hat der Herr den jüngeren Sohn anstatt des älteren erwählt, Erbe seiner Verheissungen zu sein, um zu zeigen, dass das Irdische immer vor dem Geistlichen geboren wird.

Wir können nur in dem Mass geistliche Autorität ausüben, wie Jesus der König in uns lebt. Paulus sagte, dass er so lange damit wartete, seinen Dienst zu beginnen, bis es dem Vater gefiel, seinen Sohn *in ihm zu* offenbaren (Gal 1,15–17; Revidierte Elberfelder Bibel). Im gleichen Brief schreibt er, dass er in dieser Angelegenheit nicht sofort Menschen zu Rate zog. Er erhielt seine Botschaft vom Herrn und kam erst nach vierzehn Jahren nach Jerusalem, um dafür Bestätigung zu suchen.

«Rettung ist dort, wo viele Ratgeber sind.» (Spr 11,14) Es ist wichtig, sich dem Leib Christi und den Ältesten unterzuordnen. Wenn dieses Prinzip jedoch überbetont wird, dann kann es den Dienst ausserordentlich beeinträchtigen. Der wesentliche Faktor dafür, dass ein Dienst Frucht bringt, ist Einssein mit dem Herrn, nicht Einssein mit dem Leib. Es gibt viele Gruppen von Christen, die für sich in Anspruch nehmen, *der* Leib Christi zu sein, obwohl sie gar nicht mit ihm verbunden sind. Paulus warnte uns vor christlichen Diensten, die *«sich nicht an das Haupt»* halten (Kol 2,19a). Er warnte uns nicht vor denen, die sich dem Leib nicht unterordnen. Im Gegenteil, es ist durchaus möglich, mit dem Leib verbunden zu sein, ohne eine persönliche Beziehung mit dem Haupt zu haben. Der umgekehrte Fall ist nicht möglich. Man kann nicht mit dem Haupt verbunden sein, ohne gleichzeitig mit seinem Leib verbunden zu sein.

Viele «einsame Streiter» sind in ihrem Leben und Dienst furchtbar gescheitert. Manche Christen behaupten daraufhin, dass der Grund für deren Scheitern darin liege, dass sich diese nicht der Autorität der Apostel und geistlichen Leiter untergeordnet haben. Das mag zu einem gewissen Grad wahr sein. Aber es gab genauso viele, die sich der Kirche untergeordnet haben und ebenso schlimm gefallen sind. Im Gegensatz dazu ist die Geschichte voll von Zeugnissen einzelner Christen, die vollkommen allein und ohne Mitgläubige unglaubliche Prüfungen ausgehalten haben und treu geblieben sind. Manche Lehren über geistliche Autorität bereiten Einzelne nicht darauf vor, dem Herrn treu und gehorsam zu sein, sondern bewirken genau das Gegenteil. Das soll jetzt nicht einem falschen Individualismus und geistlicher Unabhängigkeit Vorschub leisten. Wenn jedoch Unterordnung unter den Leib stärker betont wird als Unterordnung unter den Herrn, dann kann das schwerwiegende Folgen nach sich ziehen. Es ist tragisch, dass einige der gesalbtesten Dienste, die der Herr seiner Gemeinde gegeben hat, von weiten Teilen des Leibes Christi abgelehnt wurden, weil sie ihre Verbundenheit mit diesem Leib nicht genauso sehr betont haben wie ihr Einssein mit Christus. Wir werden jedoch nirgendwo in der Schrift ermahnt, uns vor denen zu hüten, die sich nicht blindlings jedem anderen Menschen unterordnen!

Geistlichkeit lässt sich nicht auf einen anderen Menschen übertragen, indem man mit ihm Zeit verbringt. Dafür ist die Beziehung von Paulus und Gamaliel ein gutes Beispiel. In Apostelgeschichte, Kapitel 22, erklärt Paulus, er sei ein Jünger Gamaliels gewesen. Man könnte also erwarten, dass er deshalb wie sein Lehrer sein würde. Aber wir wissen, dass Paulus auch zu der Zeit, in der er mit Gamaliel zusammen war, grundverschieden war. Der Rat, den Gamaliel dem Hohen Rat im Kapitel 5 der Apostelgeschichte gegeben hat, zeugte von erstaunlich tief gehender Geduld und Weisheit. Als der Rest des Hohen Rates die Apostel töten lassen wollte, da sie im Namen Jesu lehrten, machte Gamaliel den weisen Vorschlag, sie in Ruhe zu lassen, «denn wenn dieses Vorhaben oder dieses Werk von Menschen stammt, wird es zerstört werden; stammt es aber von Gott, so könnt ihr sie nicht vernichten; sonst werdet ihr noch als Kämpfer gegen Gott dastehen.» (Verse 38–39) Aber was war Paulus' Reaktion auf die junge Kirche? «Ich habe den (neuen) Weg bis auf den Tod verfolgt.» (Apg 22,4a) Menschen können andere Menschen nicht verändern. Wir können vielleicht zu einem gewissen Grad auf das äussere Verhalten anderer Einfluss nehmen. Aber nur der Heilige Geist kann das Herz eines Menschen verändern. Jüngerschaft hat seinen Platz. Aber es ist eine sehr ernste und heikle Angelegenheit, das Leben eines anderen zu formen. Einige der schlimmsten Fehler, die Leiter ständig machen, unterlaufen ihnen dann, wenn sie versuchen, im Leben eines anderen den Platz des Heiligen Geistes einzunehmen. Es gibt kein Geheimrezept dafür, wie man sein eigenes Leben und seine Weisheit einem anderen weitergeben kann; eine solche Beziehung muss vom Geist eingesetzt und geleitet werden.

Es ist (nach der weit verbreiteten Interpretation der Schrift) für einen Gläubigen sehr einfach, zwar in rechter Weise mit dem Leib verbunden zu sein und dennoch fast keine Beziehung zum Herrn zu haben. Diese echte und lebendige Beziehung zu dem Herrn ist aber eine Grundvoraussetzung für das Leben und den Dienst jedes Einzelnen. Die Kirche kann nicht retten, sie kann nicht heilen, sie kann nicht mit dem Heiligen Geist taufen, und sie kann uns nicht in alle Wahrheit führen. Nur der Herr kann das tun. Wenn unser Augenmerk mehr auf der Kirche als auf dem Herrn liegt, dann sind wir dahingehend verkümmert, die Schöpfung anstatt den Schöpfer anzubeten, und unser Glaube ist zu einer Frömmigkeitsform geworden, welche die Kraft des Evangeliums verleugnet. Wenn wir unser Augenmerk auf die Kirche richten, wird sich in unserem Leben nichts wirklich verändern. Nur wenn wir den Herrn sehen, wird unser Leben verwandelt (2 Kor 3,18). Wir dürfen uns nicht täuschen lassen. Die Welt wird nicht dadurch zu Jesus gezogen werden, indem sie die Kirche sieht! Die Welt wird dann zu Jesus gezogen werden, wenn das Volk Gottes beginnt, den Herrn anstatt sich selbst in den Mittelpunkt zu stellen. Nur wenn wir mit dem Herrn eins geworden sind, kann *echte* Einheit mit seinem Leib entstehen. Der Leib wächst erst dann zusammen, wenn er auf das Haupt schaut (Kol 2,19).

## Gottes Wege kennen

König David machte eine tiefschürfende Beobachtung, als er sagte, dass Gott «Mose seine Wege, den Kindern Israels seine Werke» kundgetan habe (Ps 103,7). Mose war nicht damit zufrieden, nur die Werke des Herrn zu sehen. Er sehnte sich danach, seine Wege kennen zu lernen. Dieser Wunsch liess ihn zu einem der geistlich scharfsichtigsten Leiter aller Zeiten werden. Mose offenbart uns, weswegen es so wichtig ist, die Wege des Herrn zu kennen:

«Mose sagte zum Herrn: Du sagst zwar zu mir: Führ dieses Volk hinauf! Du hast mich aber nicht wissen lassen, wen du mitschickst. Du hast doch gesagt: Ich kenne deinen Namen und habe dir meine Gnade geschenkt. Wenn ich aber wirklich deine Gnade gefunden habe, so lass mich doch deinen Weg wissen! Dann werde ich dich erkennen und es wird sich bestätigen, dass ich deine Gnade gefunden habe.» (Ex 33,12–13)

Mose wusste, dass er Gottes Volk in der rechten Weise leiten kann, wenn er Gottes Wege kennen würde. Und er wusste, dass er ihn nur dann kennen lernen würde, wenn er die Wege seines Herrn begreifen würde. Er war berufen, Gottes Volk zu leiten. Man konnte es nicht auf dieselbe Art und Weise leiten, wie man andere Menschen leiten würde. Die Wege der Welt sind nicht Gottes Wege, und die Pläne Gottes können nicht durch sie ausgeführt werden. Das ist ein sehr entscheidender Punkt, den die Leiterschaft im Leib Christi verstehen muss. Allzu oft haben wir in der Kirche Leiter aufgrund dessen eingesetzt, was sie in der Welt erreicht haben. Ein Leiter in der Welt zu sein kann jedoch ein Hindernis für geistliche Leiterschaft sein. Natürliche Fähigkeiten und Talente werden uns in die Irre führen, wenn wir uns in geistlichen Dingen auf sie verlassen. Was aus dem Fleisch kommt, ist Fleisch; nur das, was aus dem Geist geboren ist, kann das hervorbringen, was Geist ist. Von den zwölf Aposteln, die der Herr zu Beginn erwählt hat, um seine Gemeinde zu führen, hatte keiner vorher weltliche Führungspositionen inne. Es scheint sogar, als seien sie eine einzigartige Bruderschaft gewesen, von der man am allerwenigsten Erfolg erwartet hätte.

Der Autor des Hebräerbriefes erklärte, dass Israel nicht in die Ruhe des Herrn eintreten konnte, weil sie seine Wege nicht kannten (Hebr 3,10–11). Weil Israel damit zufrieden war, gesegnet zu werden, und gar nicht daran interessiert war, Gott kennen zu lernen, verloren sie ihr Erbe. Und wir werden es ebenso verlieren, wenn wir uns mit dem Segen Gottes zufriedengeben.

Das Land, in dem Milch und Honig fliesst, und all die anderen Segnungen, die der Herr Israel zuteil werden lassen wollte, waren grossartig – aber sie waren nicht der Grund, warum der Herr sie aus Ägypten herausgeführt hatte. Israel war dazu berufen, ein Volk von Priestern zu sein; sie sollten ihm dienen und allen Völkern den Charakter ihres Schöpfers aufzeigen (Ex 19, 5–6). Aber sie kannten ihn nicht! Am Berg Sinai fand eines der tragischsten Ereignisse in der Geschichte Israels statt. An diesem Ort verzichtete Israel auf seine hohe Berufung und entschied, dass es den Herrn nicht wirklich kennen lernen, sondern lieber einen menschlichen Mittler haben wollte. Von diesem Vorfall wird im Buch Exodus im 20. Kapitel, Verse 18–21, berichtet:

«Das ganze Volk erlebte, wie es donnerte und blitzte, wie Hörner erklangen und der Berg rauchte. Da bekam das Volk Angst, es zitterte und hielt sich in der Ferne. Sie sagten zu Mose: Rede du mit uns, dann wollen wir hören. Gott soll nicht mit uns reden, sonst sterben wir. Da sagte Mose zum Volk: Fürchtet euch nicht! Gott ist gekommen, um euch auf die Probe zu stellen. Die Furcht vor ihm soll über euch kommen, damit ihr nicht sündigt. *Das Volk hielt sich in der Ferne,* und Mose näherte sich der dunklen Wolke, in der Gott war.«

Von da an hatte Israel kein Verlangen mehr nach einer persönlichen Beziehung zum Herrn. Sie wollten zwar seine Wohltaten, aber nicht ihn. Die Geschichte der Kirche ähnelt sehr der Geschichte Israels. Die Geschichte der Kirche hat gezeigt, dass das Volk Gottes bereit ist, fast jeden Preis zu zahlen, wenn jemand bereit ist, eine Mittlerrolle in ihrer Beziehung zum Herrn zu übernehmen. Diese Haltung reduzierte die Kirche auf die Abteilung Klerus und die Gruppe der Laien. Dies ist auch in Teilen der Kirche geschehen, die diese Aufteilung nicht in ihrer Lehre verankert hat. Die Kirche war wie Israel dazu berufen, ein königliches Priestertum zu sein (Offb 1,6). Die Ausbreitung eines Systems, das die Priester und die Versammlung der Gläubigen voneinander trennte, hat das eigentliche Ziel der Kirche zunichte gemacht.

Die Bibel lehrt ganz unzweideutig, dass das Leben derer, die in den Gemeinden als Leiter berufen sind, an höheren Massstäben gemessen wird als das der Gemeindemitglieder. Aber dennoch sind die, die in der Gemeinde als Leiter berufen sind, nicht dazu berufen, Mittler zwischen Gott und den Menschen zu sein. «*Denn: Einer ist Gott, Einer auch Mittler zwischen Gott und den Menschen: der Mensch Christus Jesus.*» (1 Tim 2,5) Immer wenn sich ein Mensch zwischen den Herrn und sein Volk stellt, hat er unrechtmässig die Stellung des Herrn Jesus Christus an sich gerissen. Nur Jesus kann zwischen Gott und den Menschen stehen. Der Gemeinde wurden Apostel, Propheten, Evangelisten, Pastoren und Lehrer, Älteste, Diakone und andere Dienste gegeben. Aber alle wurden gegeben, «*um die Heiligen für die Erfüllung ihres Dienstes zu rüsten, für den Aufbau des Leibes Christi. So sollen wir alle zur Einheit im Glauben und in der Erkenntnis des Sohnes Gottes gelangen, damit wir zum vollkommenen Menschen werden und Christus in seiner vollendeten Gestalt darstellen.*» (Eph 4,12–13)

Kein Dienst ist dazu da, unsere geistlichen Aufgaben für uns zu übernehmen. Jeder Dienst ist dazu da, die Gemeinde zur Reife zu führen. Wir alle sind berufen, Dienst zu tun; wir alle sind berufen, Priester zu sein. Wenn jemand *der* Geistliche oder *der* Priester genannt wird, dann hat er unrechtmässig die Autorität des Herrn an sich gerissen. *Jeder* von uns ist ein Diener und Priester Gottes.

Die Tatsache, dass jeder Gläubige ein Diener und Priester Jesu ist, missachtet in keiner Weise die Autorität, die der Herr eingesetzt hat, um Ordnung in seiner Gemeinde sicherzustellen. Ohne diese Autorität könnte kein richtiger Dienst getan werden. Dennoch nimmt diese Autorität ihrem Wesen nach mit der Zeit ab und nicht zu! Wenn die Gemeinden zur Reife gelangen, werden diese Ordnungsfunktionen nicht mehr gebraucht werden. Das letzte Ziel von Autorität besteht darin, sich überflüssig zu machen. Man kann dies mit der Verantwortung von Eltern vergleichen, deren Aufgabe darin besteht, das Kind auf den Tag vorzubereiten, an dem es den Schutz des elterlichen Hauses verlässt, um seinen eigenen Weg zu gehen. Autorität ist jeder Gemeinde nur dazu gegeben, ihre geistlichen Kinder zu schützen und sie darauf vorzubereiten, in Christus selbstständig zu werden.

Im Buch Numeri, im Kapitel 11, Verse 24–29, können wir am Beispiel des Mose den Geist richtigen Dienens erkennen. Der Herr liess Mose die siebzig Ältesten um das Offenbarungszelt sammeln, damit Gott sie für die Aufgabe einsetzen konnte, zusammen mit Mose die Verantwortung und Autorität im und für das Volk Israel zu teilen. Als der Geist auf sie kam, begannen sie alle, prophetisch zu reden. Aus unbekannten Gründen waren von den Ältesten zwei im Lager geblieben, aber der Geist des Herrn kam trotzdem auf sie, und sie prophezeiten im Lager. Als ein junger Mann Mose darüber informierte, hielt Josua ihn dazu an, sie vom Prophezeien abzuhalten. Mose antwortete: «Willst du dich für mich ereifern? Wenn nur das ganze Volk des Herrn zu Propheten würde, wenn nur der Herr seinen Geist auf sie alle legte.» (Vers 29)

Mose fühlte sich dadurch, dass Gott anderen Menschen Autorität verlieh, kein bisschen bedroht – er wusste, dass es für alle mehr als genug zu tun gab! Wenn ein Leiter damit beginnt, seinen geistlichen Bereich vor anderen zu schützen, dann hat er in diesem Moment aufgehört, echte geistliche Autorität zu besitzen. Mose freute sich zu sehen, wie andere in Verantwortung hineinwuchsen. Er wollte um jeden Preis vermeiden, dass Israel von ihm abhängig wurde. Genauso wenig dürfen wir uns wünschen, dass andere von uns abhängig werden. Jeder echte Dienst hat zum Ziel, dass Menschen eine eigene lebendige Beziehung zum Herrn aufbauen und ihn kennen lernen. Jesus demonstrierte die gleiche Haltung: Er sagte seinen Jüngern, dass es besser für sie wäre, wenn er sie verliesse, damit auch sie den Heiligen Geist empfangen könnten.

## Die Bevollmächtigung zum Dienst

Alle Mitglieder des Leibes Christi sind dazu berufen, Gott zu dienen. Jeder hat eine bestimmte Aufgabe und Gabe, die für den Leib Christi als Ganzes unentbehrlich ist. Aber nur weil wir zu einem Dienst berufen sind, heisst das noch lange nicht, dass wir schon dafür bereit sind. Zwischen dem Zeitpunkt, an dem jemand den Ruf hört, und dem Zeitpunkt, an dem er dafür bevollmächtigt wird, können Jahre liegen. Die Zeit zwischen Berufung und Bevollmächtigung ist eine unentbehrliche Zeit der Vorbereitung. Wenn wir in Unreife den Dienst beginnen, ohne vom Heiligen Geist dafür bevollmächtigt worden zu sein, verhindern wir damit höchstwahrscheinlich, dass dieser Dienst die Frucht bringt, die Jesus daraus hervorbringen will. Die Pläne Gottes können niemals allein durch menschlichen Willen und Anstrengung ausgeführt werden. Nicht durch Macht, nicht durch Kraft und auch nicht durch die edelsten menschlichen Absichten, nur durch seinen Geist kann das Werk Gottes vollbracht werden.

Jedes Wunder Jesu hatte tiefschürfende Bedeutung. Als er Wasser in Wein verwandelte, veranschaulichte er damit den Jüngern seine Absichten mit ihnen. Die Gefässe waren zur Seite genommen und mit Wasser gefüllt worden (Wasser ist oft ein Symbol für das Wort Gottes, vgl. Eph 5,26). Dies symbolisierte ihre Zeit der Vorbereitung, in der sie «bis zum Überfliessen» mit seiner Lehre angefüllt werden sollten. Nachdem wir unsere Berufung von Gott vernommen haben, brauchen wir eine Zeit, in der wir zur Seite genommen und angefüllt werden. Es reicht nicht, teilweise gefüllt zu sein; wir müssen ganz voll sein! Und es ist auch nicht genug, nur mit Lehre angefüllt zu sein – das Wasser muss in Wein verwandelt werden; unser Wissen muss zu Leben werden. Erst dann sind wir bereit, «ausgeschenkt» zu werden. Die, die zu früh ausgeschenkt werden, werden selten jemals zu «Wein» werden (d. h. in der Fülle der Salbung dienen, zu der sie berufen sind). Das «Wasser», das sie anbieten, ist erfrischend und wird vielleicht etliche segnen, mit Geduld könnte aus ihnen jedoch der beste Wein werden. Jene, die so lange gewartet haben, bis sie zu Wein wurden, haben die Welt auf den Kopf gestellt!

Mose ist ein ausgezeichnetes Beispiel für die Art und Weise, wie der Herr Menschen vorbereitet. Als er einen Ägypter tötete, um die Israeliten zu verteidigen, vermutete er wohl bereits, dass er dazu berufen war, ihnen zu helfen. Aber es war noch nicht die Zeit, die Gott ausersehen hatte. Scheinbar geschlagen, floh er aus Ägypten. Danach verbrachte er vierzig Jahre als Schafhirte in der Wüste (der niedrigste Beruf der damaligen Zeit), bevor ihn Gott für seine Aufgabe rief. Man sagt, dass Satan einen Menschen gross macht, damit er ihn zu Fall bringen kann. Der Herr demütigt einen Menschen, damit er ihn gross machen kann! Es gibt keine Abkürzungen, wenn man einmal einen gesalbten Dienst tun will. Diplome und Titel bringen vielleicht bei Menschen Respekt ein, aber den Herrn beeindrucken sie nicht. Sobald wir einmal den Wein des Herrn gekostet haben, wird uns Wasser nie wieder zufriedenstellen.

Das Wesen des Herrn ist schöpferisch. Es gibt keine zwei gleichen Menschen und keine zwei Dienste, die sich einander gleichen. Die Propheten der Bibel sind genau wie die Apostel auffallend unterschiedlich. Wenn der Herr uns in einen bestimmten Dienst beruft, kann dieser unter Umständen Ähnlichkeiten mit einem anderen Dienst aufweisen, aber er wird ihm nur in einem sehr generellen Sinn gleichen. Jeder von uns unterscheidet sich wesentlich von jeder anderen Person in der Schrift, in der Geschichte oder von anderen Zeitgenossen. Darin liegt auch der Grund, weswegen wir uns nicht Fähigkeiten aneignen können, um den Anforderungen eines Dienstes zu genügen. Nur der Herr kann uns auf einen Dienst vorbereiten. Er ist es, der seine Gemeinde baut und jeden Stein behaut. Wir müssen dem Herrn erlauben, uns nach *seinem* Willen zu formen. Wir müssen bereit sein, ganz anders als andere zu sein. Die, die loslegen und ihre Berufung vor der Zeit erfüllen möchten, werden unvermeidlich zu billigen Nachahmungen. Und jene, die nur *anders* sein wollen und von Gott nicht geformt werden, stellen nur billige Abziehbilder eines echten Dieners Gottes dar.

## Mose schlägt den Felsen

Im Buch Numeri im 20. Kapitel (Verse 8–12) finden wir ein ernüchterndes Beispiel einer der gefährlichsten Fallen, in die man geraten kann, wenn man in Positionen geistlicher Vollmacht und Autorität steht. Die Israeliten, die sich bei Mose darüber beklagten, kein Wasser mehr zu haben, setzten ihn unter grossen Druck. Der Herr wies Mose an, seinen Stab zu nehmen (ein Symbol der Autorität, die Gott ihm verliehen hatte) und zu dem Felsen zu *sprechen,* er solle Wasser fliessen lassen. Anstatt dem Felsen zu gebieten, schlug Mose mit seinem Stab auf ihn. Zwar floss Wasser in Fülle, aber der Preis dafür war hoch. Die Strafe des Herrn war äusserst hart: «Der Herr aber sprach zu Mose und Aaron: Weil ihr mir nicht geglaubt habt und mich vor den Augen der Israeliten nicht als den Heiligen bezeugen wolltet, darum werdet ihr dieses Volk nicht in das Land hineinführen, das ich ihm geben will.» (Vers 12)

Die Tatsache, dass der Herr seinem Volk tatsächlich seine Autorität zur Verfügung stellt, versetzt uns in Ehrfurcht. Wenn wir seine Autorität in Demut und Unterordnung unter ihn gebrauchen, ist sie ein machtvolles Werkzeug. Gebrauchen wir sie überheblich, kann es uns unser Erbe in Christus kosten. Der Fels war Christus. Die Autorität des Herrn ist uns nicht gegeben, damit wir Christus mit ihr schlagen können – wenn wir von Gott fordern, dass er unsere Pläne zu segnen hat, dann bedeutet das nichts anderes, als dass wir vom Haupt verlangen, dass es uns gehorcht! In diesem Moment befinden wir uns auf gefährlichem Boden.

Auch heutzutage wird der Leib Christi dazu ermutigt, die Schrift auf Verheissungen hin zu durchsuchen, die man sich wünscht, diese Schriftstellen dann Gott hinzuhalten und Erfüllung zu verlangen. Eine solche Praxis ist zweifellos der höchste Ausdruck menschlichen Stolzes. Hierbei werden die Autorität und die Prinzipien Gottes dazu missbraucht, sich selbst herauszustellen. Es stimmt, der Herr möchte, dass wir lernen, den Stab zu gebrauchen – aber für seine Pläne. Wenn Stolz (Ichbezogenheit) sich in geistliche Autorität einschleicht, sind wir in höchster Gefahr. Gott sucht Menschen, die vor seinem Wort zittern, um sie zu seiner Wohnstätte zu machen (vgl. Jes 66,1–2). Wir müssen ihn als heiligen Gott behandeln oder wir laufen wie Mose Gefahr, vom Einzug in das verheissene Land ausgeschlossen zu werden.

Kapitel 11

# Gottesfurcht oder Menschenfurcht

*Gottesfurcht verlangt, Böses zu hassen. Hochmut und Hoffart, schlechte Taten und einen verlogenen Mund hasse ich.* *Sprüche 8,13*

## Menschenfurcht

Mose liess sich durch das, was die Leute sagten, so unter Druck setzen, dass er den Stab auf eine Art und Weise benutzte, die der Herr nicht angeordnet hatte. Derselbe Druck hat den Niedergang vieler Dienste bewirkt. Demut ist, Gott zu fürchten, nicht Menschen. «Durch Gottesfurcht weicht man dem Bösen aus.» (Spr 16,6b) «Menschenfurcht stellt eine Falle.» (Spr 29,25a, Revidierte Elberfelder Bibel) Deshalb erklärte Paulus: «Wollte ich noch den Menschen gefallen, dann wäre ich kein Knecht Christi.» (Gal 1,10b) Wenn wir den Herrn wirklich fürchten, werden wir niemand anderen fürchten. Wenn wir den Herrn achten und ehren, werden wir von aller Menschenfurcht befreit werden.

Jesus erklärte den Pharisäern: «Ihr redet den Leuten ein, dass ihr gerecht seid; aber Gott kennt euer Herz. Denn was die Menschen für grossartig halten, das ist in den Augen Gottes ein Gräuel.» (Lk 16,15) Wenn wir zwanghaft Wertschätzung von Menschen suchen, werden wir Dinge tun, die Gott ein Gräuel sind. Wir müssen uns entscheiden, wem wir dienen wollen: den Menschen oder Gott. Wir können nicht beide zufriedenstellen. Aus diesem Grund warnte Jesus: «Weh euch, wenn euch alle Menschen loben; denn ebenso haben es ihre Väter mit den falschen Propheten gemacht.» (Lk 6,26) Unser Dienst wird in dem Mass unecht sein, wie er von Menschenfurcht beeinflusst wird.

Wir sind berufen, allen Menschen zu dienen, *aber Menschen dürfen nicht unsere Herren sein.* Wir müssen bereit sein, unser Leben für die Menschen hinzugeben, aber wir dürfen nicht von ihnen beherrscht oder beeinflusst werden. Der Apostel ermahnte uns: «Dient freudig, als dientet ihr dem Herrn und nicht den Menschen.» (Eph 6,7)

## Saul und David

Der vielleicht grösste Unterschied zwischen König Saul und König David lag darin, wen sie zufriedenstellen wollten. Saul fürchtete die Menschen mehr als den Herrn, während David den Herrn mehr fürchtete als die Menschen. Saul hatte die Anweisung zu warten, bis der Prophet Samuel zurückkommen würde, um dem Herrn ein Opfer zu bringen, bevor sie in den Kampf hineingehen. Er wartete aber nicht, denn: «Ich sah, dass mir das Volk davonlief … und die Philister sich bei Michmas versammelt haben.» (1 Sam 13,11) Jeder, der im Leib Christi schon Verantwortung hatte, kennt diesen Druck, der Saul zum Fallen brachte. Wenn das Volk anfängt davonzulaufen und der Feind zur gleichen Zeit anrückt, dann ist der Druck, etwas zu tun, sehr gross, auch wenn der Herr uns angewiesen hat zu warten. Wenn man in solchen Situationen nachgibt, setzt man die Salbung aufs Spiel. Saul verlor Gottes Salbung für seine Leiterschaft. Wenn wir echte geistliche Autorität ausüben wollen, dürfen wir uns niemand anderem als Gott unterordnen.

Kompromisse sind ein tödlicher Feind, da sie sich so leicht in unserem Kopf rechtfertigen lassen. Als Saul später angewiesen wurde, die Amalekiter anzugreifen und sie voll und ganz zu vernichten, da griff er sie auch an, vernichtete die meisten, aber liess den König und einige der wertvollsten Tiere am Leben. Er rechtfertigte das Behalten der Tiere mit der Absicht, sie dem Herrn als Opfer darzubringen. Die Amalekiter werden in der Schrift als Symbol für satanische Kräfte gebraucht. Während Israels Wanderung durch die Wüste griffen die Amalekiter von hinten an und schnappten sich im Schutz der Nacht die Schwachen und die Nachzügler, wie Satan das auch tut. Der Herr befahl, die Amalekiter und all ihre Besitztümer als Zeichen zu vernichten. Wenn ein König in früheren Zeiten einen anderen König in der Schlacht besiegt hatte und ihn am Leben liess, dann tat er dies entweder, um ihn zum Sklaven oder zum Verbündeten zu machen. Der Herr hat Saul durch ein Beispiel gezeigt, dass man bei der Vernichtung von Satans Herrschaftsgebieten keinerlei Kompromiss eingehen darf. Saul dachte bei sich, dass er den König der Amalekiter zum Verbündeten oder zum Sklaven machen könnte. Das ist eine gefährliche Annahme. Er kam auch zu dem Schluss, er könnte das Wertvollste der Besitztümer der Amalekiter dem Herrn als Opfer darbringen. Aber wir können Dinge Satans nicht benutzen, um den Herrn anzubeten. Die Zurechtweisung Sauls durch Samuel ist eine Warnung für alle:

«Samuel aber sagte: Hat der Herr an Brandopfern und Schlachtopfern das gleiche Gefallen wie am Gehorsam gegenüber der Stimme des Herrn? Wahrhaftig, Gehorsam ist besser als Opfer, Hinhören besser als das Fett von Widdern. Denn Trotz ist ebenso eine Sünde wie die Zauberei, Widerspenstigkeit ist ebenso (schlimm) wie Frevel und Götzendienst.» (1 Sam 15,22–23)

Opfer werden nie für Trotz sühnen können. Viele sind in die Falle getappt zu glauben, dass gute Werke Kompromisse und Ungehorsam in anderen Bereichen unseres Lebens ausgleichen können. Hier fängt Verblendung und Zauberei an. Bei Zauberei denken wir vielleicht an Geisterbeschwörung und Zauberbann, aber das sind nur zwei der extremeren Formen. Paulus zählte Zauberei zu den Werken des Fleisches (Gal 5,20).

Grundsätzlich handelt es sich um Zauberei, wenn man irgendein Mittel oder einen Geist benutzt, um einen anderen Menschen oder eine Situation zu dominieren, zu kontrollieren oder zu manipulieren. Die subtilen Druckmittel, die wir vielleicht anwenden, um unseren eigenen Willen durchzusetzen, würden unter diese Kategorie fallen.

Ein gutes Beispiel dafür sind auch Sauls Opfer, die er dem Herrn dargebracht hat, um ihn wegen seiner vielfachen Vergehen zu beschwichtigen. Stellen Sie sich für einen Augenblick ein kleines Mädchen vor, das ihrem Vater gewinnend ins Ohr säuselt, wie sehr sie ihn liebt – und zwar kurz bevor er ihr Schläge gibt! Wenn sie das tat, um ihren Vater zu manipulieren, für Trotz zu sühnen und die Strafe zu umgehen, dann ist es eine subtile Art der Manipulation, aus der Zauberei erwachsen kann. Wenn man so etwas durchgehen lässt, wird das in der Zukunft zu schlimmeren Handlungsweisen führen, genauso wie Sauls mangelnde Bussfertigkeit ihn dazu brachte, die Priester des Herrn zu vernichten und sich von einem Wahrsager Rat zu holen.

Saul bekannte: «Ich habe gesündigt; denn ich habe mich über den Befehl des Herrn und deine Anweisungen hinweggesetzt, *ich habe mich vor dem Volk gefürchtet und auf seine Stimme gehört.*» (1 Sam 15,24) Saul bekannte seine Sünde und verstand, warum er gesündigt hatte, aber er tat keine Busse. Es gibt einen Unterschied zwischen Schulderkenntnis und Busse. Erkenntnis kann sogar ein Versuch sein zu manipulieren, wie Sauls es tat. In Vers 30 wird der wahre Grund für Sauls Bekenntnis deutlich: «Ich habe gesündigt; erweise mir aber jetzt vor den Ältesten des Volkes und vor Israel die Ehre …» Er versuchte, Samuel durch sein Bekenntnis dazu zu bewegen, ihn weiterhin vor dem Volk zu ehren. Hätte er wirklich Busse getan, hätte es ihn nicht so sehr gekümmert, was die Leute dachten, sondern was Gott dachte.

Davids Geist war anders. Seine ganze Lebensgeschichte hindurch lesen wir immer wieder: «David fragte den Herrn um Rat.» Auch als die Amalekiter seine Familie, die Familien seiner

Männer und all ihre Besitztümer mitgenommen hatten und seine eigenen Männer, ihn zu steinigen drohten, hat David nichts unternommen, bevor er nicht den Herrn gefragt hatte. Der Druck in dieser Situation muss unglaublich gewesen sein. In einer Lage, die auch den stärksten Glauben zum Zweifeln gebracht hätte, sagte man von David: «Aber David stärkte sich in dem Herrn, seinem Gott.» (1 Sam 30,6b; Revidierte Elberfelder Bibel) David vertraute mehr auf Gott als auf Menschen oder Umstände. Das war das feste Fundament, auf dem der Thron Davids aufgerichtet wurde. Das Fundament war kräftig genug, um für immer zu währen. Jeder Dienst, der bestehen bleiben will, muss auf dem gleichen Fundament aufbauen.

Menschenfurcht ist ein Fallstrick für jede Art von Dienst. Der Herr nannte Petrus «Satan», da er nicht im Sinn hatte, was Gott, sondern was die Menschen wollten (Mt 16,23). Jakobus wies die ersten Christen mit einer ähnlichen Warnung zurecht: «Ihr Ehebrecher, wisst ihr nicht, dass Freundschaft mit der Welt Feindschaft mit Gott ist? Wer also ein Freund der Welt sein will, der wird zum Feind Gottes.» (Jak 4,4) Wir müssen die Welt mit der Liebe Christi lieben, dürfen aber nicht ihr Freund sein.

## Die grundlegende Strategie Satans

Kompromisse haben der Gemeinde Jesu viel von ihrer Vollmacht geraubt. Als Mose zu Pharao ging und Freiheit für sein Volk forderte, antwortete Pharao darauf mit einer Strategie, Israel in Gefangenschaft zu halten, die der Strategie entspricht, die Satan auch heute noch verwendet, um Menschen in seiner Herrschaft zu behalten und vom Kreuz wegzubringen. Sofort als Mose Israel durch das Wort des Herrn Freiheit verkündete, konterte Pharao, indem er seine Männer anwies: «Erschwert ... den Leuten die Arbeit, dann sind sie beschäftigt und kümmern sich nicht um leeres Geschwätz.» (Ex 5,9) Pharaos Plan war, dem Volk Gottes die Lasten schwerer zu machen, dass sie denken würden, dass Gottes Verheissungen «leeres Geschwätz» seien. Dasselbe macht Satan mit uns; kurz bevor der Herr uns durch seine Kraft befreit, häuft er uns noch Lasten auf, damit wir denken, dass Gottes Worte nicht wahr sind.

Diese Strategie, Israel kleinzukriegen, fing an zu greifen, und sie zweifelten und wurden mutlos. Satans erklärtes Ziel ist es, Entmutigung zu bewirken. Wenn wir die Pläne des Feindes kennen, werden wir darauf vorbereitet sein und können uns dagegenstellen, so wie Mose das tat. Wenn Gott Ihnen zum Beispiel eine Heilung verheisst, wird Satan sofort alles dransetzen, dass Sie sich schlecht fühlen, um Sie so dazu zu bringen, Gottes Verheissung als unwahr abzutun. Wir müssen lernen, diese Angriffe zu erwarten, wenn wir von Gott eine Verheissung empfangen, und nicht zuzulassen, dass wir mutlos werden und denken, seine Worte seien nicht wahr.

Da Mose fest blieb, war es Satans nächster Schritt, die Wunder Gottes nachzumachen. Wenn sein erster Plan nicht funktioniert, wird Satan versuchen, uns glauben zu machen, dass an Gottes Verheissungen eigentlich nichts Besonderes oder Einzigartiges ist oder dass Gottes Macht nicht grösser ist als seine. Dies *soll Orientierungslosigkeit* bewirken, welches Satans nächste Taktik ist, nachdem er erfolgreich Entmutigung gestreut hat.

Da Mose nicht von seinem Kurs abwich, machte Pharao kleine Zugeständnisse; aber auch dies war ein listiger Plan: Er sagte zu ihnen: «Geht, bringt eurem Gott hier im Land Schlachtopfer dar.» (Ex 8,21) Wenn Satan erkennt, dass wir entschlossen sind, dem Herrn zu dienen, wird er versuchen, uns zu überzeugen, dass wir Gott dienen können, auch wenn er uns weiterhin in Gebundenheit an die Wege der Welt hält. Das gleicht dem Irrtum, wir könnten weiterhin so wie früher sündigen, jetzt aber dafür Vergebung erlangen, solange wir nur gelegentlich zum Gottesdienst gehen oder sagen, dass wir gläubig sind. Mose fiel auf diese Täuschung nicht herein, und wir dürfen es auch nicht.

Nachdem der Herr seine Macht erwiesen hatte, schlug Pharao einen weiteren Kompromiss vor: «Ich lasse euch ziehen.

Bringt also Jahwe, eurem Gott, in der Wüste Schlachtopfer dar! Aber zu weit dürft ihr euch nicht entfernen.» (Ex 8,24) Klingt das nicht vertraut? Wenn einer anfängt, sich von der Welt loszureissen und dem Herrn zu dienen, dann hört er von überall her, wie gefährlich es ist, es mit der Religion zu übertreiben. Gestandene Gläubige lassen sich nicht von der Welt vorschreiben, wie weit sie mit dem Herrn gehen werden. Wenn Satan uns nicht ganz in seinen Fesseln halten kann, ist sein nächster Schritt, uns zu Kompromissen zu bewegen, um uns so weit wie möglich festzuhalten.

Dies war Satans Versuch, Israel dazu zu bringen, *die Vision zu verlieren,* dass Gott ihnen ein Land verheissen hatte. Dieser Plan hat bei vielen Christen ausserordentlich gut funktioniert. Wenn wir *unsere Vision verlieren,* werden wir in der Wüste umherirren, und es wird ein Leichtes sein, uns wieder gefangen zu nehmen. Israel war nicht nur gerufen, Ägypten zu verlassen, sondern auch, ins verheissene Land einzutreten. Wir dürfen das letztliche Ziel Gottes nicht aus den Augen verlieren, sonst werden wir von weniger wichtigen Zielen abgelenkt.

Nach noch mächtigeren Erweisen der Kraft Gottes schlug Pharao einen weiteren Kompromiss vor: «Geht und verehrt Jahwe! (Jetzt keine Vorschrift mehr, wie weit sie weggehen dürfen.) Nur eure Schafe, Ziegen und Rinder sollen bleiben. Eure Kinder dürfen mitziehen.» (Ex 10,24) Satans letzter Versuch, uns zu einem Kompromiss zu bewegen, ist der, uns dazu zu bringen, etwas in «Ägypten» zurückzulassen, weil er weiss, dass unser Herz da sein wird, wo unser Schatz ist. Wie Mose müssen wir erwidern: «Keine Klaue darf zurückbleiben.» (Ex 10,24)

Als Mose dem Ruf und der Vision Gottes treu blieb, machte Pharao weitere Zugeständnisse, aber versuchte wieder, so viel Kompromiss wie möglich auszuhandeln. Er wusste, dass er wieder Herrschaft über sie erlangen würde, wenn sie in irgendeiner Weise Kompromisse eingingen. Er sagte also, sie könnten so weit weggehen, wie sie wollten, unter einer Bedingung: «Nur eure Schafe, Ziegen und Rinder sollen bleiben. Eure

Kinder dürfen mitziehen.» (Ex 10,24) Das war eine weitere seiner Listen. Wenn Satan sieht, dass wir zutiefst entschlossen sind, Jesus radikal nachzufolgen, wird er versuchen, uns mit allen Mitteln dazu zu bewegen, etwas zurückzulassen. Er versteht sehr gut, dass unser Herz da ist, wo unser Schatz ist. Wenn das Volk Gottes beginnt, Kompromisse zu machen, dann hat es in diesem Moment den Kampf verloren. Wir müssen unerbittlich entschlossen sein, uns vollkommen von Satans Herrschaft über uns und alles, was uns gehört, freizumachen und wie Mose zu reagieren: «Unsere Herden (müssen) doch mitgehen, keine Klaue darf zurückbleiben.» (Ex 10,26a)

In diesem Aufeinandertreffen von Mose und Pharao haben wir ein klares Beispiel von Satans uralter Strategie, das Volk Gottes unter seiner Herrschaft zu halten. Zuerst bewirkt er *Entmutigung,* was zu *Orientierungslosigkeit* führt, und dann zum *Verlust der Vision,* was *Kompromisse* nach sich zieht und schliesslich die *Niederlage* der Pläne Gottes für sein Volk zur Folge hat.

Auch als Pharao mit seiner Strategie den Kürzeren gezogen hatte, gab er nicht auf; und wir sollten nie erwarten, dass Pharao uns aus freiem Willen loslässt. Israel durfte nicht auf Geheiss Pharaos freigelassen werden, damit dieser nicht sagen konnte, dass er sie gehen liess. Israel konnte nur durch die Kraft Gottes befreit werden. Gottes Kraft würde dem ganzen Reich Satans Zerstörung bringen und die Schätze Ägyptens in die Hände seines Volkes geben. Auch wir müssen verstehen, dass wir nicht aufgrund Satans Erlaubnis oder unserer Standhaftigkeit frei werden, sondern durch die Kraft Gottes. Auch wir werden das Reich Satans ausplündern, wenn wir ohne Kompromisse am wahren Paschaopfer des Lammes teilhaben.

Lasst uns geradewegs losmarschieren, nicht nach rechts oder links schauen und keine Kompromisse eingehen – egal, wie vernünftig der Vorschlag zu sein scheint. Auf diese Weise werden wir da bleiben, wo die Kraft des Kreuzes Befreiung für uns und Gericht über das Reich des Bösen bringen kann.

# TEIL 3

*Der Sieg*

Kapitel 12

# Das Paschalamm

*Darum – so spricht Gott, der Herr: Seht her, ich lege einen Grundstein in Zion, einen harten und kostbaren Eckstein, ein Fundament, das sicher und fest ist: Wer glaubt, der braucht nicht zu fliehen.*
*Jesaja 28,16*

«Als unser Paschalamm ist Christus geopfert worden.» (1 Kor 5,7b)

Das Opfer des Paschalammes befreite Israel von der Herrschaft des Pharaos, damit das Volk nie wieder in Ägypten dienen müsste. Das Paschaopfer war ein prophetisches Bild für das Kreuz, und das Kreuz befreit uns aus der Herrschaft Satans und der Gebundenheit an eine verdorbene Welt. Satan weiss das, und deshalb wütet er gegen alle, die sich dem Kreuz zuwenden. Auch Pharao reagierte wütend, als er sah, dass er seine Herrschaft über das Volk Gottes verlor. Am Paschaopfer konnte man zeichenhaft sehen, dass das Kreuz irgendwann Gericht über das Böse der Welt bringen und die, die es annehmen, von der Herrschaft der Welt befreien wird.

Seit Kain und Abel war das Opfer der Kernpunkt des Konflikts zwischen den beiden Arten der Nachkommenschaften, die für die zwei Wesensarten des Menschen stehen – die fleischliche und die geistliche. Wenn wir uns zur Lehre oder zur Institution des Christentums bekehren, bedrohen wir Satan damit in keiner Weise. Es ist sogar möglich, dass er uns zu einem Schritt in diese Richtung ermutigt. Er weiss, dass das Gute im Baum der Erkenntnis genauso tödlich ist wie das

Böse, aber bei weitem trügerischer. Menschliche Gutheit ist ein Affront gegen das Kreuz, denn sie wird dazu missbraucht, um das Kreuz zu ersetzen. Es verleitet uns zu dem Glauben, dass wir vom Vater angenommen werden, wenn wir mehr Gutes als Böses tun. Wenn dem so wäre, hätten wir das Opfer seines Sohnes nicht mehr nötig. Satan wird uns immer dazu ermutigen, religiöse Formen in unser geistliches Leben zu integrieren. Er ist nur daran interessiert, dass wir uns nicht dem Kreuz zuwenden. Wenn wir uns dem Kreuz zuwenden, ist Satans Herrschaft über uns vollkommen gebrochen; von diesem Punkt an verlassen wir sein Herrschaftsgebiet und treten in die herrliche Freiheit des Geistes ein – in eine Beziehung mit unserem Gott.

Religiöse Menschen werden die grössten Feinde der Botschaft vom Kreuz und der wahren Freiheit des Geistes sein. Dieser Kampf begann mit dem ersten Brüderpaar Kain und Abel und wütet bis zum heutigen Tag. Das Kreuz wird für den religiösen Menschen immer die grösste Bedrohung darstellen, und der religiöse Mensch wird immer der grösste Feind des Kreuzes sein. Nicht die Besessenen verfolgten Jesus; sie beugten ihre Knie und unterwarfen sich ihm. Jesus wurde von den religiösen, moralischen und konservativen Bürgern gekreuzigt! Diese werden sich auch heute noch gegen jeden erheben, der die echte Kreuzesbotschaft predigt. Die grösste Verfolgung des wahren Glaubens wird immer von denen kommen, die sich mit ihrem Verstand, aber nicht mit ihrem Herzen bekehrt haben. Das sind diejenigen Menschen, die ihre Lebenskraft aus der Frucht des Baumes der Erkenntnis von Gut und Böse ziehen und nicht von der Frucht des Lebensbaumes. Ihre Hingabe richtet sich auf das nur intellektuelle Verständnis christlicher Doktrinen. Dies ist für sie der Ersatz dafür, dass sie mit dem Herrn keine lebendige Beziehung aufbauen und seinen *Willen* tun.

Jesus warnte: «Nicht jeder, der zu mir sagt: Herr! Herr!, wird in das Himmelreich kommen, sondern nur, wer den Willen meines Vaters im Himmel erfüllt.» (Mt 7,21) Wir werden die wahre

Lehre nur dann herausfinden, wenn es uns *wichtiger* ist, seinen Willen zu tun, als eine Lehre einordnen zu können. Jesus sagte einmal: «Wer bereit ist, den Willen Gottes zu tun, wird erkennen, ob diese Lehre von Gott stammt oder ob ich in meinem eigenen Namen spreche.» (Joh 7,17)

Man kann aus vielen verschiedenen Gründen nach Wahrheit streben. Einige davon wie Stolz, Selbstrechtfertigung oder auch Angst sind schlecht. Nur diejenigen, die die Wahrheit lieben, werden in bösen Tagen nicht irregeführt werden. Wer die Wahrheit liebt, möchte, dass seine Lehre in sich schlüssig und rein ist. Wir werden aber nur stimmige und reine Lehre haben, wenn wir den Gott der Wahrheit mehr lieben als die Wahrheiten Gottes. Das Buch des Herrn zu kennen, gibt uns kein Leben. Wir werden erst dann Leben finden, wenn wir den Herrn des Buches kennen lernen. Wir müssen die Wahrheit selbst, Jesus, mehr lieben als die einzelnen Wahrheiten. Übrigens, wenn wir Jesus mehr lieben als die Einzelwahrheiten, werden wir die Einzelwahrheiten noch viel mehr schätzen als zu der Zeit, in der sie uns wichtiger waren als Gott. Es geht nicht darum, entweder das eine oder das andere zu haben, sondern beides in der richtigen Zuordnung.

## Ein neuer Anfang

«Der Herr sprach zu Mose und Aaron in Ägypten: Dieser Monat soll die Reihe eurer Monate eröffnen, er soll euch als der erste unter den Monaten des Jahres gelten.» (Ex 12,1–2)

Da das Paschalamm die urbildliche Prophetie des Opfers Jesu sein sollte, ist es wichtig anzumerken, dass Mose Israel auf das erste Paschafest vorbereitete, indem er ihre Zeitrechnung bei einem «ersten Monat» neu anfangen liess. Das kündigte einen neuen Anfang an. Nachdem sie vom Paschalamm gegessen hatten, sollten die Kinder Israels den einzigen Ort verlassen, den sie je gekannt hatten, durch Länder ziehen, die sie nie gesehen hatten, und ein Land einnehmen, von dem sie bisher nur geträumt hatten. Nach diesem schicksalsträchtigen Tag würde ihr Leben nie mehr so sein wie zuvor – und genauso ist es mit unserem.

«Wenn also jemand in Christus ist, dann ist er eine neue Schöpfung: Das Alte ist vergangen, Neues ist geworden.» (2 Kor 5,17) Wenn Jesus unser Paschalamm wird, werden wir in eine neue Welt hineingeboren. Für Israel bedeutete es eine äusserliche Veränderung; für uns ist es eine geistliche. Die äusseren Bedingungen und Umstände werden vielleicht die gleichen bleiben, aber wir nicht. Die äussere Welt scheint sich verändert zu haben, aber das kommt uns nur so vor, weil wir neue Augen bekommen haben. Wenn einer von neuem geboren ist, fängt er an, das Reich Gottes zu sehen (Joh 3,3). Das ist eine viel wunderbarere Befreiung. Mose führte Israel an einem Tag aus Ägypten heraus, aber «Ägypten» (die Wege der Welt) blieb trotzdem in Israel. Durch Christus wurde die Welt gekreuzigt und ich der Welt (vgl. Gal 6,14). Jesus nimmt Ägypten aus unseren Herzen und ersetzt es durch ein Neues – das Reich Gottes. Die Nachkommen Kains, die religiösen Menschen, versuchen immer, aus der Welt einen Ort zu machen, an dem es sich besser leben lässt. Christus verändert die Menschen, damit sie besser in der Lage sind, in dieser Welt zu leben. Der fleischlich gesinnte Mensch versucht, andere zu verändern, indem er die Welt verändert. Der geistliche Mensch versucht, die Welt zu verändern, indem er die Menschen verändert.

Mit Ausnahme von diesem winzig kleinen Flecken Dunkelheit, Erde genannt, ist das Universum erfüllt mit der Herrlichkeit Gottes. Und obwohl wir nur ein Staubkorn in der ganzen Weite der Schöpfung sind, hat Gott das äusserste Opfer gebracht, um uns freizukaufen und wiederherzustellen, indem er seinen eigenen Sohn sandte – und alle Schöpfung staunte überwältigt. Ohne dieses unfassbare Ereignis wäre die Bedeutung der Erde verglichen mit der Weite von Gottes Herrschaftsgebiet gleich null. Wenn wir beginnen, den Herrn und die Dimensionen seiner Herrschaft zu erkennen, erscheinen persönliche Probleme und sogar die Probleme der Welt bald klein und unbedeutend. Wir können sicher sein, dass dieser eine Tropfen Böses niemals die Meere seiner Güte überwältigen wird. Sein Reich wird kommen! Es ist eine unwiderstehliche Gewalt, die das Böse ebenso überschatten wird, wie es auch die aufgehende Sonne mit dem Mond tut.

Als der Mensch vom Baum der Erkenntnis ass, konzentrierte sich seine Aufmerksamkeit auf sich selbst; und er verfiel dem Glauben, er sei der Mittelpunkt des Universums. Jedes Kind, das nach dem Fall zur Welt kam, hat diese Täuschung geerbt. Bis wir uns bekehren, wird unser Geist vollständig von unseren Problemen und unserem Ehrgeiz beherrscht. Sobald wir anfangen, das Reich Gottes zu sehen, verändert sich unser Blickwinkel. Je deutlicher wir ihn auf seinem Thron sitzen sehen, desto weniger achten wir auf die welttypischen Probleme und Sorgen. Nicht dass sie uns nicht kümmern – wir erkennen einfach, dass er viel grösser ist als jedes Problem und viel wunderbarer als jedes menschliche Streben! Wenn wir ihn mit diesen neuen Augen sehen, finden wir einen Frieden, der das Verstehen übersteigt. Die Welt mag kein bisschen anders sein als vorher, aber wir sind radikal neu.

## In Wahrheit leben

In Wahrheit leben bedeutet, mit Gott zu leben. Wenn unsere Sicht von seinem Königreich klarer wird, verblassen die irdischen Dinge. Die Dinge, die für den irdisch gesinnten Menschen unsichtbar sind, werden für uns realer werden als die sichtbaren Dinge. Dies klingt für Menschen, die nicht in den Bereich des Geistes sehen können, absurd. Der Apostel Paulus schrieb in diesem Zusammenhang:

«Der irdisch gesinnte Mensch lässt sich aber nicht auf das ein, was vom Geist Gottes kommt. Torheit ist es für ihn, und er kann es nicht verstehen, weil es nur mit Hilfe des Geistes beurteilt werden kann. Der geisterfüllte Mensch urteilt über alles, ihn aber vermag niemand zu beurteilen.» (1 Kor 2,14–15)

Angenommen, Sie stehen morgen früh auf und Jesus steht in realer Gestalt neben Ihrem Bett. Würde Ihr Arbeitstag nicht ziemlich anders verlaufen! Was wäre, wenn er Sie in sichtbarer Gestalt an Ihren Arbeitsplatz begleiten würde? Die, die aus dem Geist geboren sind, sehen mit den «Augen des Herzens» deutlicher als mit ihren natürlichen Augen. Ganz gleich, wohin wir gehen, der Herr ist immer bei uns, weil er in uns lebt. Wenn die Augen unseres Herzens geöffnet bleiben, werden wir ihn beständig vor Augen haben. Realität bedeutet, Jesus in der Kraft seiner Auferstehung als König über alle Herrscher, Mächte und Gewalten zu sehen.

Als Stephanus den Märtyrertod starb, konnten ihn nicht einmal die Steine, die ihn töteten, ablenken. Er schaute auf Jesus! Der damals noch nicht bekehrte Saulus und spätere Apostel Paulus bekam aus nächster Nähe mit, wie real die Vision war, die Stephanus während der Steinigung hatte. Schon damals bereitete der Herr sein erwähltes Gefäss darauf vor, seinen Namen zu den Heiden, den Königen und den Söhnen Israels zu tragen. Der Same, der in das Herz des Paulus gepflanzt worden war, als er die Realität von Stephanus' Erlebnis sah, sollte reiche Frucht bringen. Jahre später schrieb er diese eindringlichen Verse, in denen es darum geht, die Sicht für diese Realität zu haben:

«Er erleuchte die Augen eures Herzens, damit ihr versteht, zu welcher Hoffnung ihr durch ihn berufen seid, welchen Reichtum die Herrlichkeit seines Erbes den Heiligen schenkt und wie überragend gross seine Macht sich an uns, den Gläubigen, erweist durch das Wirken seiner Kraft und Stärke. Er hat sie an Christus erwiesen, den er von den Toten auferweckt und im Himmel auf den Platz zu seiner Rechten erhoben hat, hoch über alle Fürsten und Gewalten, Mächte und Herrschaften und über jeden Namen, der nicht nur in dieser Welt, sondern auch in der zukünftigen genannt wird. Alles hat er ihm zu Füssen gelegt und ihn, der als Haupt alles überragt, über die Kirche gesetzt. Sie ist sein Leib und wird von ihm erfüllt, der das All ganz und gar beherrscht.» (Eph 1,18–23)

Als Paulus Jesus auf seinem Thron sitzen sah, erkannte er, dass ihm alles zu Füssen gelegt worden war. Jesus sitzt immer noch auf dem Thron. Ihm ist alle Herrschaft gegeben, und nichts geschieht gegen seinen Willen. Satan kann keine heimlichen Angriffe durchführen, denn die Augen Jesu wachen immer über uns. Nichts kann ohne sein Wissen geschehen. Wenn die Augen unseres Herzens geöffnet sind, dann ist es schwierig, den Sorgen der Welt noch viel Raum zu geben. Elischa war ein weiterer Mensch, der diese Sicht hatte. Als ihm eine ganze Armee gegenüberstand, blieb er zum Entsetzen seines Dieners in aller Ruhe auf einem Hügel sitzen. Erst als Elischa betete, dass die Augen seines Dieners geöffnet werden, konnte dieser den Grund für Elischas Zuversicht verstehen: die Engel, die auf ihrer Seite waren, waren viel zahlreicher als der Feind (vgl. 2 Kön 6,8–23).

## Im Geist leben

Im Geist zu leben bedeutet, mit Gottes Augen zu sehen, mit seinen Ohren zu hören und mit seinem Herz zu verstehen. Wenn wir das tun, wird die Erde mit all ihren Problemen und in all ihrer Pracht so unbedeutend erscheinen, wie sie es im Bereich des Geistes in Wirklichkeit ist. Wenn wir die Herrlichkeit und Macht Jesu gesehen haben, beeindrucken uns Könige und Präsidenten nicht mehr als jeder andere Mensch. Wenn wir den Herrn gesehen haben, erscheint jeder irdische Pomp und jede irdische Position lächerlich, und selbst die grössten internationalen Krisen sind kaum ein Grund zur Sorge. Der König sitzt auf seinem Thron, und er wird seine Herrschaft niemals verlieren.

Als Jesaja den Herrn auf seinem Thron sitzen sah, standen Serafim bei ihm, die einander laut zuriefen: «Heilig, heilig, heilig ist der Herr der Heere. Von seiner Herrlichkeit ist die ganze Erde erfüllt.» (Jes 6,3) Wie können die Serafim angesichts all der Kriege, Kämpfe, Katastrophen, Krankheiten und Verwirrung sagen, dass die ganze Erde von seiner Herrlichkeit erfüllt ist? Sie können es sagen, weil sie in der Gegenwart des Herrn leben. Wenn wir mehr und mehr in seiner Gegenwart leben, dann werden auch wir allen Umständen zum Trotz erkennen, dass die ganze Erde voll seiner Herrlichkeit ist, egal, wie die Umstände auch sind. Wir sehen zwar die Realität dessen, was auf der Erde geschieht, aber wir sehen auch die grössere Realität des Planes und der Macht Gottes. Wir gehören zu der neuen Schöpfung, nicht zu der alten, und wir müssen lernen, aus dem Blickwinkel der neuen Schöpfung zu sehen.

Vielleicht stellt sich jetzt die Frage, warum wir in diesem unaufhörlichen Kampf mit unserer alten Natur stehen, wenn wir doch neue Geschöpfe sind. Wir würden diesen Kampf nicht kennen, wenn wir unsere Augen auf Jesus gerichtet hätten. So oft wir wie Petrus unsere Augen von ihm abwenden und unseren Blick auf die tobenden Wellen der Welt und des Fleisches richten, werden wir beginnen unterzugehen. Paulus schrieb den Römern:

«Ich weiss, dass in mir, das heisst in meinem Fleisch, nichts Gutes wohnt; das Wollen ist bei mir vorhanden, aber ich vermag das Gute nicht zu verwirklichen. Denn ich tue nicht das Gute, das ich will, sondern das Böse, das ich nicht will. Wenn ich aber das tue, was ich nicht will, dann bin nicht mehr ich es, der so handelt, sondern die in mir wohnende Sünde. Ich stosse also auf das Gesetz, dass in mir das Böse vorhanden ist, obwohl ich das Gute tun will. Denn in meinem Innern freue ich mich am Gesetz Gottes, ich sehe aber ein anderes Gesetz in meinen Gliedern, das mit dem Gesetz meiner Vernunft im Streit liegt und mich gefangen hält im Gesetz der Sünde, von dem meine Glieder beherrscht werden. Ich unglücklicher Mensch! Wer wird mich aus diesem dem Tod verfallenen Leib erretten? Dank sei Gott durch Jesus Christus, unseren Herrn!» (Röm 7, 18–25)

Ohne Christus ist in uns nichts Gutes. Egal, wie oft wir uns anschauen, wir werden immer das Gleiche finden – Böses. Aber in Christus brauchen wir uns nicht länger von unserer sündigen Natur beherrschen zu lassen! Er hat uns sein Leben gegeben, seinen Geist! Als er ausrief: «Es ist vollbracht!», meinte er, was er sagte. Er ist das vollendete Werk Gottes; er ist das vollendete Werk, das der Vater in uns vollbringen möchte. Wir erlangen Reife nicht dadurch, dass wir uns abmühen, einen gewissen Grad an Geistlichkeit zu erreichen; Reife bedeutet nichts anderes, als in ihm zu *bleiben,* in ihm, der das vollendete Werk Gottes ist. Jesus ist unsere Weisheit, unsere Gerechtigkeit, unsere Heiligung und unsere Erlösung (1 Kor 1,30). Jesus ist alles, wozu wir berufen sind; und nur wenn wir in ihm leben, werden wir zu dem, wozu wir berufen sind.

Wir werden nicht zu dieser neuen Schöpfung, indem wir uns geistliche Ziele stecken und diese dann erreichen. Wirklich geistlich werden wir nur, wenn wir in einer ständigen innigen Beziehung mit dem leben, der das Werk Gottes ist. Jesus ist das Alpha und Omega, der Anfang und das Ende aller Dinge. Jesus wird «der Erstgeborene der ganzen Schöpfung» genannt (Kol 1,15b). In Jesus sind alle Pläne Gottes zusammengefasst. Alles, was der Vater liebte und schätzte, brachte er in seinem Sohn hervor. Alles ist *durch ihn* und *auf ihn* hin geschaffen, und in ihm hat alles Bestand (Kol 1,16–17). Die ganze Schöpfung ist *auf den Sohn hin* geschaffen. In ihm wird alles vereint werden (Eph 1,10). Wenn wir in dieser ständigen, innigen Beziehung mit Gott leben, dann vereint sich unser ganzes Leben mehr und mehr mit ihm. Und damit erfüllen wir gleichzeitig den gesamten Plan Gottes, den er für unser Leben hat.

«Gebt Acht, dass euch niemand mit seiner Philosophie und falschen Lehre verführt, die sich nur auf menschliche Überlieferung stützen und sich auf die Elementarmächte der Welt, nicht auf Christus berufen. Denn in ihm allein wohnt wirklich die ganze Fülle Gottes. Durch ihn seid auch ihr davon erfüllt.» (Kol 2,8–10)

## Wie sich das Herz verändert

Zu einem gewissen Grad können wir unser äusserliches Verhalten aus eigener Kraft verändern. Aber nur der Herr kann unser Herz dauerhaft verändern. Wir können nicht einmal die Gedanken und Absichten unseres Herzens richtig einschätzen, denn «arglistig ohnegleichen ist das Herz und unverbesserlich. Wer kann es ergründen?» (Jer 17,9)

An einem Tag sind unsere Motive vielleicht ganz in Ordnung und am nächsten verheerend. Wenn wir nur dann Dinge tun, wenn unsere Motive edel sind, wird Satan uns leicht einen Strich durch die Rechnung machen können, oder unsere eigenen Herzen werden uns täuschen. Selbst wenn wir die allerbesten Absichten haben, aber nur dann zu handeln bereit sind, wenn unsere Motive stimmen, werden wir andauernd in Verwirrung leben. Unser Leben muss von Gottes Willen, nicht von unseren Motiven bestimmt werden! Paulus erklärte das den Korinthern:

«Mir macht es allerdings nichts aus, wenn ihr oder ein menschliches Gericht mich zur Verantwortung zieht; ich urteile auch nicht über mich selbst. Ich bin mir zwar keiner Schuld bewusst, doch bin ich dadurch noch nicht gerecht gesprochen; der Herr ist es, der mich zur Rechenschaft zieht.» (1 Kor 4,3–4)

Das bedeutet nicht, dass wir unsere Probleme ignorieren sollen. Das heisst nur, dass wir das Wort des Herrn trennen lassen sollen, was «Fleisch» ist und was Geist. Wir müssen uns «selbst richten, damit wir nicht gerichtet werden», aber dies darf nur durch den Heiligen Geist geschehen. Unsere Selbsteinschätzung ist meistens verzerrt, wenn sie nicht durch den Heiligen Geist gemacht wird. Unsere Herzen sind voller Falschheit, und oft werden wir von unseren eigenen Herzen leichter getäuscht als andere. Wenn wir uns wirklich verändern wollen, dann müssen wir darauf vertrauen, dass der Herr selbst uns verändert. Wir werden verändert, wenn wir seine Herrlichkeit sehen, nicht wenn wir uns in unserem Versagen betrachten (2 Kor 3,18).

Wir dürfen aber nicht glauben, dass dies ein Freibrief dafür ist, unseren schlechten Motiven zu folgen. Wir sollen unsere Motive nur dann ausser Acht lassen, wenn sie mit dem Willen Gottes im Konflikt sind, das heisst, wenn wir unsere eigenen Ziele verfolgen wollen.

Durch Jesus «verurteilte er die Sünde im Fleisch» (vgl. Röm 8,3; Revidierte Elberfelder Bibel). Es existiert eine Lehre, welche besagt, dass die Gnade Gottes nichts anderes bedeutet, als dass immer wieder begangene Sünden automatisch vergeben werden. Dies ist eine Irrlehre. Wenn wir seine Gnade missbrauchen und nach dem Fleisch leben, sind wir aus der Gnade gefallen.

Jesus versprach, dass wir niemals über unsere Kraft hinaus versucht werden (1 Kor 10,13). Die Gnade, die uns Gott gegeben hat, ist die *Kraft*, aus seinem Geist zu leben. «Da seine göttliche Kraft uns alles zum Leben und zur Gottseligkeit geschenkt hat (Vergangenheitsform) durch die Erkenntnis dessen, der uns berufen hat durch [seine] eigene Herrlichkeit und Tugend.» (2 Petr 1,3; Revidierte Elbefelder Bibel)

Wenn wir dem Fleisch nachgeben, dann geschieht das nicht deswegen, weil uns die Kraft fehlt, der Versuchung zu widerstehen – wir geben einfach der Sünde nach! Das ist wie beim Marathontraining. Wenn der Läufer glaubt, keinen weiteren Schritt mehr tun zu können, seine Gedanken aber wieder in den Griff bekommt und weiterläuft, wird er feststellen, dass er noch ein gutes Stück weiterlaufen kann. Und von diesem Punkt an wächst seine Ausdauer. Wenn wir an den Punkt kommen, wo wir glauben, der Versuchung nicht länger widerstehen zu können, hat das nichts mit Realität zu tun! In Wirklichkeit können wir weit über den Punkt hinaus durchhalten, an dem wir sonst immer aufgeben. Die Voraussetzung dafür ist natürlich, dass wir in ihm ruhen, der alle Sünde überwunden hat. Und genau an dem Punkt, wo wir es nicht mehr länger aushalten, kommt seine Kraft zum Tragen. «Meine Gnade genügt dir; denn sie erweist ihre Kraft in der Schwachheit.» (2 Kor 12,9a)

«Werft also eure Zuversicht nicht weg, die grossen Lohn mit sich bringt. Was ihr braucht, ist Ausdauer, damit ihr den Willen Gottes erfüllen könnt und so das verheissene Gut erlangt. Denn nur noch eine kurze Zeit, dann wird der kommen, der kommen soll, und er bleibt nicht aus. Mein Gerechter aber wird durch den Glauben leben; doch wenn er zurückweicht, habe ich kein Gefallen an ihm. Wir aber gehören nicht zu denen, die zurückweichen und verloren gehen, sondern zu denen, die glauben und das Leben gewinnen.» (Hebr 10,35–39)

Die Ausdauer des Athleten wächst erst in dem Moment, wenn er die bisherige Belastungsgrenze erreicht hat und sie überschreitet. Das Gleiche gilt auch für unsere geistliche Ausdauer. Wir können mit Paulus sagen: «Alles vermag ich durch ihn, der mir Kraft gibt.» (Phil 4,13) In Christus können wir auf das, wozu er uns berufen hat, niemals mit «Ich kann nicht» reagieren. Wir können sagen, dass wir es «nicht tun werden» oder «nicht getan haben». Aber wir können nie sagen, dass wir es nicht tun «können». Er hat uns *seine* Kraft gegeben.

«In ihm seid auch ihr beschnitten worden mit einer Beschneidung, die nicht mit Händen geschehen ist, sondern im Ausziehen des fleischlichen Leibes, in der Beschneidung des Christus … » (Kol 2,11; Revidierte Elberfelder Bibel)

«Jetzt gibt es keine Verurteilung mehr für die, welche in Christus Jesus sind. Denn das Gesetz des Geistes und des Lebens in Christus Jesus hat dich frei gemacht von dem Gesetz der Sünde und des Todes. Weil das Gesetz, ohnmächtig durch das Fleisch, nichts vermochte, sandte Gott seinen Sohn in der Gestalt des Fleisches, das unter der Macht der Sünde steht, zur Sühne für die Sünde, um an seinem Fleisch die Sünde zu verurteilen; dies tat er, damit die Forderung des Gesetzes durch uns erfüllt werde, die wir nicht nach dem Fleisch, sondern nach dem Geist leben.» (Röm 8,1–4)

Der Herr versucht nicht nur, uns zu verändern; er versucht, unseren alten Adam zu *töten!* Wenn wir mit dem Apostel sagen können: «Ich bin mit Christus gekreuzigt worden; nicht mehr ich lebe, sondern Christus lebt in mir. Soweit ich aber jetzt noch in dieser Welt lebe, lebe ich im Glauben an den Sohn Gottes, der mich geliebt und sich für mich hingegeben hat» (Gal 2,19–20), dann haben wir die höchste Berufung erreicht, zu der uns Gott berufen hat.

Johannes der Täufer ist das ideale Beispiel für einen echten geistlichen Dienst. Sein einziges Ziel bestand darin, Jesus den Weg zu bereiten, auf ihn hinzuweisen und zurückzutreten, sobald Jesus auftrat. Er sagte nicht, er müsste abnehmen, *damit* Jesus zunehmen könnte, sondern seine Worte waren: Jesus «muss wachsen, ich aber muss kleiner werden.» (Joh 3,30) Wenn wir versuchen, uns zurückzunehmen, *damit* Jesus wachsen kann, verfolgen wir immer noch eine Selbstgerechtigkeit, durch die wir sein Wachsen diktieren wollen. Noch einmal: Nur wenn wir ihn und seine Herrlichkeit sehen, werden wir in das gleiche Bild verwandelt (2 Kor 3,18). Nur dann wird unser eigenes Ego wirklich kleiner werden. Es ist Eitelkeit, wenn wir glauben, dass wir unser Fleisch selbst kreuzigen könnten. Wenn wir uns selbst kreuzigen könnten, würde am Ende nur Selbstgerechtigkeit übrig bleiben. Wir kreuzigen uns nicht selbst, sondern wir sind «*mit Christus*» gekreuzigt.

Die Wiedergeburt ist vielleicht die grossartigste Demonstration der Liebe und der Gnade Gottes. Wir alle haben gesündigt und hätten eigentlich den ewigen Tod verdient. Aber der Vater hat uns so sehr geliebt, dass er seinen eigenen Sohn zur Sühne für unsere Sünden sandte, damit wir noch einmal von vorn anfangen können. Wir tauschen bei der Wiedergeburt unseren dem Tod verfallenen Leib gegen das ewige Leben als Kinder Gottes. Kein noch so genialer, Fantasy- oder Sciencefiction-Autor hätte sich eine faszinierendere Geschichte ausdenken können. Wie können wir, die wir an so einer Herrlichkeit Anteil haben, nicht «alles (tun) … um des Evangeliums willen?» (1 Kor 9,23)

«Denn die Liebe Christi drängt uns, da wir erkannt haben: Einer ist für alle gestorben, also sind alle gestorben. Er ist aber für alle gestorben, damit die Lebenden nicht mehr für sich leben, sondern für den, der für sie starb und auferweckt wurde.

Also schätzen wir von jetzt an niemand mehr nur nach menschlichen Massstäben ein; auch wenn wir früher Christus nach menschlichen Massstäben eingeschätzt haben, jetzt schätzen wir ihn nicht mehr so ein. Wenn also jemand in Christus ist, dann ist er eine neue Schöpfung: Das Alte ist vergangen, Neues ist geworden. Aber das alles kommt von Gott, der uns durch Christus mit sich versöhnt und uns den Dienst der Versöhnung aufgetragen hat. Ja, Gott war es, der in Christus die Welt mit sich versöhnt hat, indem er den Menschen ihre Verfehlungen nicht anrechnete, und uns das Wort von der Versöhnung (zur Verkündigung) anvertraute. Wir sind also Gesandte an Christi Statt, und Gott ist es, der durch uns mahnt. Wir bitten an Christi Statt: Lasst euch mit Gott versöhnen! Er hat den, der keine Sünde kannte, für uns zur Sünde gemacht, damit wir in ihm Gerechtigkeit Gottes würden.» (2 Kor 5, 14–21)

Kapitel 13

# Das Lamm ins Haus holen

*«Sagt der ganzen Gemeinde Israel: Am Zehnten dieses Monats soll jeder ein Lamm für seine Familie holen, ein Lamm für jedes Haus. Ihr sollt es bis zum vierzehnten Tag dieses Monats aufbewahren.»* *Ex 12,3.6*

Das Lamm sollte fünf Tage vor dem Opfer ins Haus geholt werden, um es sorgsam auf Fehler hin zu untersuchen. Das war eine Prophetie dessen, dass Jesus, das wahre Paschalamm, fünf Tage vor seiner Kreuzigung nach Jerusalem kommen würde. Das tat er und erfüllte damit vollkommen die Schrift. Zu der Zeit, zu der er in die Stadt einzog, wurden gleichzeitig die Lämmer für das rituelle Paschaopfer in die Häuser geholt. Während diese Lämmer auf Fehler untersucht wurden, welche die Lämmer für das Opfer untauglich gemacht hätten, verhörten die Schriftgelehrten, Pharisäer und Sadduzäer Jesus und versuchten, an ihm einen Fehler zu finden. Sie fanden an Jesus keinen einzigen Makel, denn er war das Opfer, das Gott als Paschalamm wohlgefällig war. Schliesslich gaben die Machthaber auf und versuchten falsche Zeugen zu finden, die zur Aussage gegen ihn bereit waren.

Im Johannesevangelium, Kapitel 19, Vers 42, lesen wir, dass Jesus am Rüsttag der Juden getötet worden ist. An diesem Tag wurden zur Vorbereitung auf das Fest alle Paschalämmer geschlachtet. Während Jesus ans Kreuz genagelt wurde, wurden allen Opferlämmern in ganz Israel die Messer an die Kehlen gesetzt. Aber in diesen Stunden ging in ihrer Mitte das in Erfüllung, auf das sie symbolisch schon seit Jahrhunderten gewartet hatten.

Nicht einmal seine eigenen Jünger verstanden, was vor sich ging. Verstehen inzwischen wir, was damals geschah? Jesus selbst ist das Lamm ohne Makel. Vielleicht verstehen wir dies in unserem Kopf, aber glauben wir es auch schon in unserem Herzen? Woran liegt es, dass wir immer noch glauben, dass es an unserem Verhalten liegt, ob der Vater uns annehmen kann? Woran liegt es, dass es uns so schwer fällt, auf dem einzigen Weg zu ihm zu kommen, auf dem er uns annehmen kann, nämlich durch das Blut seines Sohnes? Ob wir voll Zuversicht vor den Thron der Gnade kommen können, hängt niemals davon ab, wie gut oder schlecht wir uns verhalten haben. Durch das Blut Jesu *haben* wir den Zugang zum Vater! Jede andere Haltung ist eine Beleidigung gegen das Kreuz.

Wenn wir Gott aus dem Grund gehorchen, weil wir von ihm angenommen werden wollen, dann ist dieses Motiv ein Hohn gegenüber dem Kreuz, das allein dafür verantwortlich ist, dass unsere Feindschaft mit Gott aufgehoben worden ist und wir jetzt seine Kinder sind. Echter Dienst wurzelt nicht in dem Bestreben, von Gott angenommen werden zu wollen. Echter Dienst erwächst erst aus dem Wissen, dass wir bereits angenommen *sind.* Wir gehorchen Gott deswegen, weil wir teuer erkauft wurden und nicht länger uns selbst, sondern ihm gehören, der uns mit seinem eigenen Leben freigekauft hat. Wir lieben ihn, weil er uns zuerst geliebt hat. *Aufgrund des Preises, den er für unsere Annahme als Gottes Kinder bezahlt hat,* arbeiten wir für sein Reich und sehnen uns danach, dass *er* den Lohn für sein Opfer empfängt. Es ist ein Unterschied, ob wir Gott zu gefallen versuchen, weil wir ihn lieben und ihm Freude bereiten wollen, oder ob wir ihm zu gefallen versuchen, damit er uns annimmt. Das Erste ist wahre Anbetung, das Zweite wurzelt immer noch in dem ichbezogenen Streben nach Selbstgerechtigkeit.

Die Tatsache, dass wir diesen Aspekt des Paschaopfers nicht verstanden haben, kann eine Antwort auf die Frage sein, warum die Bekehrungen, die wir erlebt haben, oft so oberflächlich gewesen sind. Bekannte internationale Evangelisten bekennen, dass weniger als zwanzig Prozent derer, die auf ihren Grossveranstaltungen eine Entscheidung für Jesus treffen, mit dem Herrn auch weitergehen. Könnte es sein, dass dem Evangelium, das wir predigen, etwas fehlt? Könnte es sein, dass wir den Menschen, anstatt sie zu kurzfristigen «Entscheidungen» zu drängen, einen besseren Dienst erweisen würden, wenn wir sie ermutigen würden, wie die Israeliten das Lamm einige Tage ins «Haus» zu nehmen, bevor sie das Opfer Jesu annehmen? Wären die Entscheidungen nicht echter, wenn die Leute dazu ermutigt würden, Jesus zuerst gründlich zu untersuchen, damit sie selbst erkennen, dass kein Fehler an ihm ist?

Es gibt Zeiten, in denen Menschen schon darauf vorbereitet sind, sofort wiedergeboren zu werden. Aber im Normalfall bringen unsere modernen Evangelisationsmethoden zu wenig bleibende Frucht. Im Gleichnis vom Sämann sagte der Herr: «Immer wenn ein Mensch das Wort vom Reich hört und es nicht versteht, kommt der Böse und nimmt alles weg, was diesem Menschen ins Herz gesät wurde.» (Mt 13,19) Entsprechend sagte er: «Auf guten Boden ist der Samen bei dem gesät, *der das Wort hört und es auch versteht.*» (Vers 23a)

Es gibt Zeiten, in denen wir die biblische Ermahnung ernst nehmen müssen, nicht auf unser eigenes Verstehen zu bauen (Spr 3,5), aber nicht wenn es um unsere Bekehrung geht. Die Menschen, die sich aufgrund von Überschwang, emotionalem Anreiz oder auch gesalbtem Predigen bekehren, stehen in der Gefahr, dass ihnen, wenn sie das Wort nicht verstehen, die Saat wieder geraubt wird. Wenn jemand bereit ist, etwas so Wichtiges wie sein eigenes ewiges Leben jemandem oder einer Sache anzuvertrauen, den oder die er gar nicht kennt oder versteht, ist es dann möglich, dass er in seinem Herzen geglaubt hat?

Erlösung, Errettung und die Pläne Gottes sind so kostbar, dass jemand, der wirklich in seinem Herzen glaubt, dazu getrieben wird, seine Wurzeln so tief wie möglich in dieser Lehre zu verankern. Echter Glaube ist nicht blind; echter Glaube bedeutet im tiefsten Sinne des Wortes Erleuchtung. Echter Glaube braucht vor einer genauen Prüfung nicht zurückzuschrecken; er wird nur gewinnen. Mit dem Herz zu glauben oder mit dem Verstand zu glauben, sind zwei verschiedene Dinge, aber sie schliessen sich nicht gegenseitig aus. Wenn wir wirklich Jesus finden wollen und nicht nur intellektuelle Theorien über ihn kennen wollen, dann wird unser Herz umso mehr glauben, je näher wir ihn uns anschauen. Nachdem Napoleon einmal das Johannesevangelium gelesen hatte, sagte er: Wenn Jesus nicht der Sohn Gottes wäre, dann müsste der der Sohn Gottes sein, der dieses Evangelium geschrieben hätte!

## Für wen hältst du Jesus?

Zu einem bestimmten Zeitpunkt fragte Jesus seine Jünger einmal, für wen die Menschen ihn hielten. Sie antworteten: «Die einen für Johannes den Täufer, andere für Elija, wieder andere für Jeremia oder sonst einen Propheten.» (Mt 16,14) Dann forderte er sie mit der Frage heraus: «Ihr aber, für wen haltet ihr mich?» (Vers 15) Wenn sie echte Jünger sein wollten, konnten sie ihm nicht aufgrund dessen nachfolgen, wofür ihn *andere* hielten. Das Gleiche gilt auch für uns. Es geht nicht darum, für wen unser Pastor, unser Lieblingsautor, Lehrer oder Fernsehevangelist Jesus hält. Früher oder später muss dieser Finger direkt auf unsere Brust gerichtet werden: «Für wen hältst du den Menschensohn?» Wir dürfen uns nicht zu dem Jesus eines anderen bekehren; er muss *unser* Jesus sein.

Als Petrus auf die Frage des Herrn antwortete, dass er der Christus, der Sohn Gottes sei, erwiderte der Herr: «Selig bist du, Simon Barjona; denn nicht Fleisch und Blut haben dir das offenbart, sondern mein Vater im Himmel.» (Vers 17) Offensichtlich war Petrus nicht von dem eingenommen, was andere über Jesus dachten. Er war dafür offen, seine eigene Offenbarung über Jesus zu bekommen. Wenn wir offen dafür sind, vom Vater unsere eigene Offenbarung zu bekommen, bauen wir wie Petrus auf einem Fels, den die Tore der Hölle nicht überwältigen können. Ein Papagei kann lernen, die richtigen Dinge zu sagen und zu tun, aber diese Dinge werden nie in seinem Herzen sein. Wenn unser Verständnis nur so weit geht, die Meinung eines anderen nachzuplappern, fehlt es uns an echtem Verständnis. Denn ein solches Verständnis ist nicht in unserem Herzen und wird niemals die Prüfungen überstehen, die mit Sicherheit über jede Saat, die gepflanzt wird, kommen werden.

Diese Ausführungen sollen kein Angriff auf die Methoden eines bestimmten Evangelisten sein. Wie Paulus sollten wir uns freuen, dass Jesus verkündigt wird, auch wenn die Ergebnisse nicht perfekt sind. Selbst wenn sich nur zwanzig Prozent bekehren, sind das immer noch viele, die nicht erreicht worden wären, wenn diese Männer nicht gewirkt hätten. Es liegt aber Weisheit in dem biblischen Beispiel, dass die Menschen, die am Paschaopfer teilhaben wollen, das Lamm gründlich untersuchen sollen, bevor sie es annehmen. Wenn wir uns nach dem biblischen Beispiel richten, werden wir die Menschen, die sich aufgrund einer tiefen Begegnung mit Gott bekehrt haben, nicht verlieren. Vielleicht werden es sogar mehr.

Kapitel 14

# Wir alle haben ihn gekreuzigt

*Denn mein Volk hat doppeltes Unrecht verübt: Mich hat es verlassen, den Quell des lebendigen Wassers, um sich Zisternen zu graben, Zisternen mit Rissen, die das Wasser nicht halten.*

*Jeremia 2,13*

«Gegen Abend soll *die ganze versammelte Gemeinde* Israel die Lämmer schlachten.» (Ex 12,6)

«Da rief das *ganze Volk:* Sein Blut komme über uns und unsere Kinder.» (Mt 27,25)

Wie prophezeit worden war, lieferte das ganze Volk Israel Jesus aus, um ihn zu kreuzigen. Aber es war nicht nur Israel, das ihn gekreuzigt hat. Es war die fleischliche Natur des Menschen, die in uns allen ist. Hätte der Herr seinen Sohn in eine andere Nation gesandt, wäre das Ergebnis dasselbe gewesen. Plato hatte auch erkannt, dass ein wirklich rechtschaffener Mensch von allen verachtet werden und vielleicht sogar gepfählt werden würde (das griechische Äquivalent für die jüdische Kreuzigung). Wahre Christen sind schon immer verfolgt worden und werden immer noch in fast jedem Land der Welt verfolgt. Der Herr sagte: «Was ihr für einen meiner geringsten Brüder getan habt, das habt ihr mir getan.» (Mt 25,40b) Jesus hat sich vollkommen mit denen identifiziert, für die er gestorben ist. Wenn wir jemals eines seiner Kinder verfolgt, verleumdet oder verletzt haben, haben wir dies dem Herrn selbst angetan. Wenn wir eine Gemeinde, einen Leiter oder einen Bruder verraten haben – selbst wenn er der geringste ist, selbst wenn er lehrmässig im Irrtum ist oder wenn er noch andere Probleme hat –, haben wir den Herrn verraten.

## Gott kritisieren

Wir müssen endlich damit aufhören, auf diejenigen Steine zu werfen, die den Massstäben Gottes nicht entsprechen. Wir entsprechen diesen Massstäben auch nicht! Wenn wir einen anderen Diener Gottes oder eine Gemeinde richten, dann richten wir in Wirklichkeit Ihn. Wenn wir eines von Gottes Kindern richten, sagen wir letztlich, dass Sein Werk unseren Massstäben nicht entspricht und dass wir bessere Menschen geschaffen hätten.

Als sich das Volk gegen Mose erhob, erwiderte er ihnen, dass sie nicht gegen ihn, sondern gegen Gott rebellierten (Ex 16,8). Mose wollte damit nicht sagen, dass er und alles, was er tat, vollkommen war, sondern dass er von Gott als Leiter eingesetzt worden war. Als Israel gegen Mose rebellierte, stellten sie in Frage, ob Gottes Entscheidung, Mose als ihren Leiter einzusetzen, richtig war.

Das Gleiche gilt für unsere Neigung, Leiter oder sogar Umstände zu beurteilen. Wenn wir einen Menschen oder eine bestimmte Lage kritisieren, in die uns der Herr gebracht hat, sagen wir letztlich nichts anderes, als dass wir nicht davon überzeugt sind, dass der Herr in der Lage ist, die Umstände in unserem Leben sinnvoll zu ordnen. Bei einer solchen Kritik urteilen wir nicht nur über die Situation, sondern wir urteilen über Gott. Das Gleiche gilt auch, wenn wir unsere Ehepartner, Familien oder Vorgesetzten richten. Wie können wir dem Herrn vertrauen, dass er uns ewiges Leben geben will, wenn wir ihm nicht in den Dingen des täglichen Lebens vertrauen? Natürlich gibt es auch die Fälle, dass wir am falschen Platz sind oder dass die Umstände ungünstig sind. Wenn dem so ist, dann sollten wir uns darum kümmern, diese Lebensumstände zu verändern und dabei Schritte mit Glauben und einem frohen Herzen gehen, für die zurückbleibenden Menschen und die Situation beten und alles tun, dass wir keinen kritischen Geist haben. Wir dürfen nie die Dummheit begehen, Gott und sein Werk zu kritisieren. Die erste Generation, die Ägypten verliess, ging in der Wüste zugrunde, weil sie *murrte* und *klagte*. Aus demselben Grund kommen viele von uns nicht mehr aus der Wüste heraus, in die uns der Herr für eine gewisse Zeit des Trainings gestellt hat.

Wenn wir wie Israel in der Wüste keinen Glauben haben, werden wir wieder und immer wieder um den gleichen Berg der Prüfung laufen müssen; und wir werden erst dann die Wüste verlassen können, wenn wir begonnen haben, Gott zu glauben und ihm zu vertrauen.

Der kritische Geist im Volk Gottes ist vielleicht der entscheidendste Faktor, warum es so wenig Licht und Vollmacht und keine innigere Beziehung zum Herrn hat. Der Herr hat dies deutlich durch den Propheten Jesaja angesprochen:

«Dann wird dein Licht hervorbrechen wie die Morgenröte, und deine Wunden werden schnell vernarben. Deine Gerechtigkeit geht dir voran, die Herrlichkeit des Herrn folgt dir nach. Wenn du dann rufst, wird der Herr dir Antwort geben, und wenn du um Hilfe schreist, wird er sagen: Hier bin ich. *Wenn du der Unterdrückung bei dir ein Ende machst, auf keinen mit dem Finger zeigst und niemand verleumdest.*» (Jes 58,8–9)

Der Herr verspricht hier Licht, Wiederherstellung, Gerechtigkeit, die Herrlichkeit des Herrn und Gebetserhörungen, wenn wir dem kritischen Geist (auf Leute mit dem Finger zu zeigen oder sie zu verleumden) ein Ende machen. Für den Fall, dass wir noch mehr Anstösse brauchen, um für diese böse Haltung Busse zu tun, gab uns Jesus noch diese Ermahnung:

«Richtet nicht, damit ihr nicht gerichtet werdet. Denn wie ihr richtet, so werdet ihr gerichtet werden, und nach dem Mass, nach dem ihr messt und zuteilt, wird euch zugeteilt werden.» (Mt 7,1–2)

Wir haben schon oft erlebt, dass diese Prophetie eingetroffen ist. Jene Menschen, die sich selbst als Richter einsetzen und andere Ansichten oder Lehren kritisieren, werden am Ende zu Stolpersteinen und richten in der Christenheit im Namen der Wahrheit mehr Schaden an, als viele es durch Irrlehren je vermögen. Der Herr hat gegenüber denen, die zu Stolpersteinen werden und andere zum Bösen verführen, die ernsthafteste Warnung ausgesprochen, die je über seine Lippen kam:

«Es ist unvermeidlich, dass Verführungen kommen. Aber wehe dem, der sie verschuldet. Es wäre besser für ihn, man würde ihn mit einem Mühlstein um den Hals ins Meer werfen, als dass er einen von diesen Kleinen zum Bösen verführt.» (Lk 17,1–2)

## Gerechtes Richten

Als Paulus die Korinther auf ihr Problem mit Unzucht ansprach, fragte er sie: «Richtet ihr nicht, die drinnen (in der Gemeinde) sind?» (1 Kor 5,12; Revidierte Elberfelder Bibel) Leiter haben die Autorität und die Verantwortung, die zu richten, die zur Gemeinde gehören. Aber dafür gibt es eine bestimmte biblische Vorgehensweise, an die man sich halten muss. Diese Art des Richtens lässt sich fast immer von der Art unterscheiden, nach der «Stolpersteine» richten. Man muss nur fragen, wie sehr sich ihre Art und Weise an den biblischen Richtlinien orientiert, die für die Rechtsprechung innerhalb der Gemeinde aufgestellt sind. Diese halten uns an, zuerst allein zu der Person zu gehen, die unserer Meinung nach in Irrtum oder Sünde lebt. Wenn sie keine Busse tut, dann sollen wir noch jemanden mitnehmen und sie noch einmal eindringlich darauf ansprechen. Erst wenn sie danach immer noch keine Busse tut, können wir den Fall vor die Gemeinde bringen (vgl. Mt 18,15–17).

Direkt nach seiner Ermahnung, dass wir darauf aufpassen sollen, keine Stolpersteine zu werden, gab uns der Herr

Anweisungen, nach denen wir Menschen zur Umkehr bewegen sollen, die sich unserer Meinung nach irren. Leute, die mit ihren Anschuldigungen an die Öffentlichkeit treten und sich nicht an diese Anweisung halten, haben sich damit meistens in die Gefahr gebracht, zum Stolperstein zu werden, egal, wie stimmig ihr Urteil auch sein mag.

Selbst wenn wir uns bei diesen Angelegenheiten an die Anweisungen des Herrn halten, können wir, wenn wir im falschen Geist richten oder zurechtweisen, immer noch falsch liegen. Paulus warnte die Galater:

«Wenn einer sich zu einer Verfehlung hinreissen lässt, meine Brüder, so sollt ihr, die ihr vom Geist erfüllt seid, ihn im Geist der Sanftmut wieder auf den rechten Weg bringen. Doch gib Acht, dass du nicht selbst in Versuchung gerätst.» (Gal 6,1)

Es ist kein Zufall, dass die Schuld von Menschen, die mit ihrem Urteil über andere an die Öffentlichkeit treten, am Ende oft ebenfalls in die Öffentlichkeit gezerrt wird. Menschen, die Bücher im Geist des «Anklägers der Brüder» schreiben, fallen oft schon bald danach geistlicher Paranoia zum Opfer und ihre Herzen werden finster. Wenn man in einem kritischen Geist über einen Bruder spricht, wird dieses Verhalten schon in diesem Leben schlechte Auswirkungen nach sich ziehen. Aber wenn wir vor dem Richterstuhl des Herrn stehen, werden wir noch viel schrecklichere Konsequenzen zu tragen haben. Wer richtet, wird mit demselben Mass gerichtet werden. Wer Erbarmen gezeigt hat, wird mit Erbarmen behandelt werden. Wer Gnade gewährt hat, wird Gnade erfahren. Da wir alle Erbarmen und Gnade dringend brauchen, tun wir gut daran, wenn wir selbst zu Gefässen für dieses Erbarmen und diese Gnade werden.

«Ich aber sage euch: Jeder, der seinem Bruder auch nur zürnt, soll dem Gericht verfallen sein; und wer zu seinem Bruder sagt: Du Dummkopf!, soll dem Spruch des Hohen Rates verfallen sein; wer aber zu ihm sagt: Du (gottloser) Narr!, soll dem Feuer der Hölle verfallen sein. Wenn du deine Opfergabe zum Altar bringst und dir dabei einfällt, dass dein Bruder etwas gegen dich hat, so lass deine Gabe dort vor dem Altar liegen; geh und versöhne dich zuerst mit deinem Bruder, dann komm und opfere deine Gabe.» (Mt 5,22–24)

Manche haben diesen Text in einer solchen Weise umgedeutet, dass sie in ihm sogar einen Rechtfertigungsgrund dafür sehen, zu einem Bruder zu gehen, gegen den sie etwas haben; aber dazu kann dieser Text nicht herhalten. Dieser Text gebietet uns, denen zu vergeben, die uns etwas getan haben. Des Weiteren hält er uns an, auch das wieder in Ordnung zu bringen, was vielleicht jemand anderer gegen uns hat. Hier werden wir aufgefordert, *selbst* Erbarmen zu zeigen, und es nicht nur von den anderen zu erwarten oder zu fordern. Was andere in dieser Angelegenheit tun, ist eine Sache zwischen dem Herrn und ihnen; wir sollen uns ausschliesslich um unseren Teil kümmern. Das mag unfair erscheinen, aber der Herr wollte nicht, dass alles fair sein muss! Wer unbedingt Fairness haben will, gut. Wir haben alle gesündigt und verdienen damit den Tod! Jede Chance, die sich uns bietet, Erbarmen oder Gnade zu zeigen, ist eine wunderbare Gelegenheit, mehr Gnade und Erbarmen vom Herrn zu empfangen. Wenn wir aber Erbarmen zeigen oder jemand vergeben, dann sollten wir es im Geheimen tun, damit unser Vater uns belohnen kann. Wenn wir es in einer Art und Weise tun, die uns bei anderen Anerkennung einbringt, haben wir mit dieser Anerkennung schon unseren Lohn erhalten.

Es gibt eine sehr schöne Geschichte über einen Kulturkreis im Südpazifik, in dem es Sitte war, dass die Männer ihre Ehefrauen durch Kühe auslösten. Ein Vater mit einer durchschnittlichen Tochter bekam ungefähr zwei Kühe für sie. Ein überdurchschnittliches Mädchen brachte ihrem Vater normalerweise drei Kühe ein. Nur für eine ausserordentliche Schönheit wurden ab und zu einmal vier Kühe bezahlt. In dieser Kultur lebte ein Vater, der eine so reizlose Tochter hatte, dass er darum bangte, für sie überhaupt eine Kuh zu bekommen. Auf dieser Insel lebte auch ein anderer Mann, der den Ruf genoss, der gewiefteste Kaufmann zu sein. Sehr zum Erstaunen aller kam dieser Mann und bot für die reizlose Tochter acht Kühe! Alle dachten, dieser kluge Kaufmann habe den Verstand verloren, aber es dauerte nicht lange, bis sich dieses reizlose Mädchen in die schönste und anmutigste Frau im ganzen Land verwandelt hatte. Sie hatte begonnen, sich als «Acht-Kühe-Frau» zu betrachten, und sie wurde zu einer!

Der Wert einer Ware wird bei uns dadurch bestimmt, wie viel jemand dafür zu zahlen bereit ist. Womit sind wir gekauft worden? Welcher Preis wurde für unsere Ehefrauen, Ehemänner, Kinder, Eltern, Freunde oder Vorgesetzte bezahlt? Für sie wurde das kostbarste Gut der ganzen Schöpfung bezahlt – das Blut des Sohnes Gottes. Wir müssen endlich beginnen, einander nach dem Geist zu erkennen und uns so zu sehen, wie Gott uns sieht. Wenn wir das tun, werden wir bei einigen Leuten bald ebenso dramatische Veränderungen sehen wie in dem reizlosen Mädchen aus dem Südpazifik. Wir müssen aufhören, den Herrn in unseren Geschwistern noch einmal zu kreuzigen. Wir müssen endlich damit beginnen, den Herrn und sein Werk zu schätzen, das er in jedem Einzelnen von uns getan hat. Wir sollten nicht länger damit zögern, uns den Wert zuzusprechen, den er uns schon zugesprochen hat. Nur wenige Dinge werden den Leib Christi so sehr aufbauen, wie wenn wir damit beginnen, einander durch seinen Geist und nicht mehr länger «nach dem Fleisch» zu betrachten. Wir sollten darum beten, dass wir nur noch mit seinen Augen sehen, mit seinen Ohren hören und mit seinem Herz verstehen. Dann werden wir die schlauesten und weisesten Menschen unseres Landes sein.

## Gottes Sprachrohr werden

«Darum – so spricht der Herr: ‹Wenn du umkehrst, lasse ich dich umkehren, dann darfst du wieder vor mir stehen. *Redest du Edles und nicht Gemeines, dann darfst du mir wieder Mund sein.*›» (Jer 15,19)

Wenn wir anfangen, das «Kostbare» in dem zu sehen, was «wertlos» erscheint, es aussprechen und gegenseitig bei uns zum Vorschein kommen lassen, dann werden wir beginnen, das prophetische Volk zu werden, das wir sein müssen, um Gottes Auftrag in unserer Zeit erfüllen zu können. Lasst uns damit aufhören, Christus zu kreuzigen, wenn er in der Gestalt der geringsten seiner Kinder kommt. Lasst uns damit beginnen, ihn in uns gegenseitig zu erkennen, zu ehren und wachsen zu lassen.

Wenn Christen Jesus in seinem Volk erkennen wollen, dann begehen viele den gleichen Fehler, den die Pharisäer im ersten Jahrhundert begangen haben. Sie hatten nur nach dem überwindenden und in Herrlichkeit herrschenden Messias Ausschau gehalten. Wer jedoch Jesus im Volk Gottes erkennen will, der braucht oft das Herz von Simeon und Hanna. Sie waren in der Lage, in einem Kleinkind die Rettung der ganzen Welt zu sehen. Wir sind manchmal so damit beschäftigt, nach den Früchten Ausschau zu halten, dass wir die Saat nicht sehen, die zur Frucht wachsen wird. Lasst uns um genügend Unterscheidung bitten, damit auch wir ihn in *jeder* Gestalt wieder erkennen können. Wirklich weise Leute werden ihn auch in der Gestalt eines Kleinkindes erkennen und anbeten. Wahre Apostel mühen sich jetzt schon darum, dass er in seinem Volk Gestalt annimmt. Schon jetzt gibt es echte Propheten, die dazu berufen sind, in allem nach dem Ausschau zu halten, auf den sie hinweisen sollen, den sie bestätigen sollen, und dessen Weg sie vorbereiten sowie gerade machen sollen.

Kapitel 15

# Im Blut ist das Leben

*«Man nehme etwas von dem Blut und bestreiche damit die beiden Türpfosten und den Türsturz an den Häusern, in denen man das Lamm essen will.»* *Ex 12,7*

Der Todesengel konnte den Häusern nichts anhaben, die mit dem Blut des Lammes bestrichen waren. Ohne das Blut wäre jedoch das gleiche Gericht über sie gekommen wie über Ägypten. Wenn wir das Blut Jesu für unser Leben in Anspruch nehmen, werden wir vom Gericht Gottes über die Welt und ihre Sünde befreit. Und der Lohn für diese Sünde ist Tod. Aber nichts anderes als das Blut Jesu kann uns retten.

Es hätte den Israeliten nichts genützt, wenn sie lediglich gewusst hätten, dass das Paschalamm geopfert werden muss. Selbst wenn sie es geopfert hätten und *das Blut nicht auch an ihre Häuser gestrichen hätten, wäre alles nutzlos gewesen.* Auch uns wird es nichts nützen, wenn wir nur wissen, dass eine Sühnetat für unsere Sünden notwendig war. Es wird uns nicht einmal etwas nützen zu wissen, dass Jesus diese Sühnetat vollbracht hat, *wenn wir das Blut nicht für unser Leben in Anspruch nehmen.*

Wenn wir die Fakten aber nur kennen und sie nicht in Anspruch nehmen, werden sie keine Auswirkungen auf unser Leben haben. Auch die Dämonen kennen und glauben die Lehre über die Errettung. Nicht das, was wir im Kopf wissen, bringt uns Rettung, sondern das, was wir mit dem Herzen glauben (vgl. Röm 10,9–10).

Der Herr erläuterte durch Mose, dass im Blut das Leben ist (Lev 17,11). Nur wenn wir das Leben Jesu für unser Leben in Anspruch nehmen, werden wir gerettet: «Da wir mit Gott versöhnt wurden durch den Tod seines Sohnes, als wir noch (Gottes) Feinde waren, werden wir erst recht, nachdem wir versöhnt sind, *gerettet werden durch sein Leben.*» (Röm 5,10) Wir können nicht dadurch gerettet werden, dass wir historische Fakten anerkennen und geistliche Prinzipien verstehen. Wir müssen Jesu Leben für unser Leben in Anspruch nehmen.

Weil Wissen so oft an die Stelle von Leben getreten ist, wurden viele dazu gebracht, sich in einem geistlichen Zustand sicher zu fühlen, in dem sie weiterhin verloren sind. Wenn man nur um etwas weiss, bedeutet das noch lange nicht, dass man davon Gebrauch gemacht hat. Man kann alles über Elektrotheorie wissen; wenn man den Lichtschalter nicht drückt, bringt das ganze Wissen nichts.

## Immer mehr Erkenntnis

In unseren Tagen hat es einen enormen Zuwachs an Erkenntnis, auch geistlicher Erkenntnis gegeben. Gott hat dies so gewollt, weil wir jedes bisschen Wissen brauchen werden, um den Auftrag, den der Herr uns für diese Zeit gegeben hat, erfüllen zu können. Aber weil wir Erkenntnis an *die Stelle* von Leben gesetzt haben, sind viele Gemeinden oberflächlich und kraftlos geworden. Wenn Erkenntnis nicht zu Umgestaltung und Leben führt, bläht sie nur auf. Der Weg ist keine Formel, der Weg ist eine Person. Wahrheit ist mehr als die Aufnahme und das Verarbeiten von geistlicher Information. Wahrheit ist eine Person! Und solange wir nicht erkannt haben, dass Jesus unser Leben ist, kennen wir auch den Weg und die Wahrheit nicht wirklich.

Der Herr hat seine Wunder nicht nur vollbracht, um uns mit seiner Vollmacht zu beeindrucken; er wollte uns durch sie etwas mitteilen. Sein erstes Wunder ist das erste wichtige Wunder, das wir verstehen müssen. Er zeigte uns und den erst seit kurzer Zeit mit ihm gehenden Jüngern durch dieses Wunder, was zuerst mit ihnen getan werden musste. Bei der Hochzeit zu Kana ordnete der Herr an, die Krüge zur Seite zu stellen. Die Krüge standen symbolisch für die Jünger. Dann liess er sie mit Wasser füllen, einem Symbol für das Wort Gottes. Danach verwandelte er das Wasser in Wein und zeigte damit, dass das Wort in Geist und Leben umgewandelt werden würde. Sobald wir diesen Wein einmal versucht haben, werden wir uns nie wieder nur mit Wasser zufriedengeben. Einige Christen haben Jesus erlaubt, sie bis zum Rand zu füllen, aber selbst dann gingen sie nicht hinaus, um das Wasser auszuschenken; sie warteten geduldig, bis der Herr das Wasser in besten Wein umgewandelt hatte. Das meinte Paulus, als er sagte: «Als es dem, der mich von meiner Mutter Leibe an ausgewählt und durch seine Gnade berufen hat, gefiel, seinen Sohn in mir (also nicht nur von aussen) zu offenbaren, damit ich ihn unter den Nationen verkündigte …» (Gal 1,15–16; Revidierte Elberfelder Bibel)

Paulus erklärte, wie er das Blut für sein Leben in Anspruch genommen hatte: «Ich bin mit Christus gekreuzigt worden; nicht mehr ich lebe, sondern Christus lebt in mir.» (Gal 2,19–20) Errettung bedeutet viel mehr, als von Sünde und Schuld befreit zu werden; sie bedeutet, dass wir von dem Bösen befreit worden sind, das in uns wohnt und die Ursache unseres sündigen Verhaltens ist! Die Kreuzigung hat in uns einen Tausch vollzogen – unser dem Tod verfallener Leib wurde gegen das Leben des auferstandenen Jesus eingetauscht. Es stimmt, dass wir unserem Leben, unseren Interessen und unserem Willen sterben müssen, um an seinem Leben als Auferstandener teilhaben zu können. Aber kein Wesen unter dem Himmel wird jemals ein lohnenderes Geschäft machen.

## Mahlgemeinschaft

«Noch in der gleichen Nacht soll man das Fleisch essen. Über dem Feuer gebraten und zusammen mit ungesäuertem Brot und Bitterkräutern soll man es essen.» (Ex 12,8)

«Jesus sagte zu ihnen: Amen, amen, das sage ich euch: Wenn ihr das Fleisch des Menschensohnes nicht esst und sein Blut nicht trinkt, habt ihr das Leben nicht in euch. Wer mein Fleisch isst und mein Blut trinkt, hat das ewige Leben, und ich werde ihn auferwecken am Letzten Tag. Denn mein Fleisch ist wirklich eine Speise, und mein Blut ist wirklich ein Trank. Wer mein Fleisch isst und mein Blut trinkt, der bleibt in mir, und ich bleibe in ihm. Wie mich der lebendige Vater gesandt hat und wie ich durch den Vater lebe, so wird jeder, der mich isst, durch mich leben.» (Joh 6,53–57)

Jeder kennt das bekannte Sprichwort: «Man ist, was man isst.» Wenn wir an Jesus, dem Baum des Lebens, teilhaben, werden wir zu diesem Leben werden. Wenn wir immer noch vom Baum der Erkenntnis essen, werden wir zugrunde gehen. Jesus sagte nicht: «wer mein Fleisch gegessen hat», sondern: «wer isst». Das bedeutet: wer immer und immer wieder isst. Damit wird ausgedrückt, dass wir fortwährend an ihm teilhaben müssen, um in ihm zu bleiben. Er ist das wahre Manna, das vom Himmel herabgekommen ist (Joh 6,58). So wie Israel jeden Tag frisches Manna sammeln musste, weil es verdarb, wenn man es aufhob, so müssen wir ihn täglich von neuem suchen. Wir können nicht von der Offenbarung von gestern leben. Wir können uns nicht einen Tag nehmen, um geistlich zu sein, und dann erwarten, dass wir den Rest der Woche in ihm bleiben. Er muss uns jeden Morgen neu begegnen.

Als der Herr davon sprach, dass wir sein Fleisch essen und sein Blut trinken sollen, meinte er natürlich nicht sein wirkliches Fleisch und Blut, sondern das, wofür sie stehen – sein Leben und seinen Leib, die Gemeinde (wir sind Bein von seinem Bein und Fleisch von seinem Fleisch). Die meisten, die diese Worte hörten, waren verwirrt und verliessen ihn

(Joh 6,66). Später *reduzierten* verwirrte Leiter der Kirche diese Wahrheit auf das *Ritual* der Eucharistie. Das, wovon Jesus spricht, ist eine *Realität,* nicht nur ein Ritual. An einem Ritual teilzunehmen, bedeutet nicht das Gleiche, wie an Jesus teilzuhaben. Das Ritual des Abendmahls sollte uns an diese Realität *erinnern* und kein Ersatz für ihn sein! Als dieses Ritual die Realität seiner Gegenwart ersetzte, begann das Leben des Herrn aus der Kirche zu schwinden. Danach stürzte sie ins dunkle Mittelalter – die passende Bezeichnung für die geistliche Verderbtheit dieser Zeit.

Der Apostel Paulus erklärte den Korinthern die Bedeutung dieses Rituals: «Der gesegnete Kelch, den wir segnen, ist der nicht die Gemeinschaft des Blutes Christi? Das Brot, das wir brechen, ist das nicht die Gemeinschaft des Leibes Christi?» (1 Kor 10,16; Luther) Das Wort Gemeinschaft entspricht dem griechischen Wort *koinonia,* das «etwas gemeinsam haben» bedeutet. Nicht das Brot und der Wein bringen uns zusammen, sondern das, wofür sie symbolisch stehen – das Blut und der Leib Jesu. Das Ritual, das wir Abendmahl nennen, ist ein Zeugnis dafür, dass die, die sich daran beteiligen, Gemeinschaft in Christus haben. Jesus ist das, was wir gemeinsam haben. Er bindet uns zusammen. Das Ritual liefert uns nur das Band. Paulus warnte die Korinther in diesem Zusammenhang:

«Denn ich habe vom Herrn empfangen, was ich euch dann überliefert habe: Jesus, der Herr, nahm in der Nacht, in der er ausgeliefert wurde, Brot, sprach das Dankgebet, brach das Brot und sagte: Das ist mein Leib für euch. Tut dies zu meinem *Gedächtnis!* Ebenso nahm er nach dem Mahl den Kelch und sprach: Dieser Kelch ist der neue Bund in meinem Blut. Tut dies, sooft ihr daraus trinkt, zu meinem *Gedächtnis!* Denn sooft ihr von diesem Brot esst und aus dem Kelch trinkt, verkündet ihr den Tod des Herrn, bis er kommt. Wer also unwürdig von dem Brot isst und aus dem Kelch des Herrn trinkt, macht sich schuldig am Leib und am Blut des Herrn. Jeder soll sich selbst prüfen; erst dann soll er von dem Brot essen und aus dem Kelch trinken. Denn wer davon isst und trinkt, ohne zu bedenken, dass es der Leib des Herrn ist, der zieht sich das Gericht zu, indem er isst und trinkt. Deswegen sind unter euch viele schwach und krank, und nicht wenige sind schon entschlafen.» (1 Kor 11,23–30)

## Ein richtiges Verständnis vom Leib

Wenn wir kein richtiges Verständnis vom Leib Christi haben, bringen wir Gericht über uns, wenn wir Brot und Wein zu uns nehmen. Das bedeutet aber, dass man sich selbst täuscht, wenn man unter der Annahme am Abendmahl teilnimmt, man wäre durch diese Feier seiner Verpflichtung nachgekommen, mit Christus Gemeinschaft zu haben. Diese Haltung ist die Ursache, dass man auch weiterhin vom wahren Leben getrennt bleiben wird. Weil im Volk Gottes immer wieder Realitäten durch Rituale ersetzt worden sind, ist den Menschen immer wieder Erlösung und Rettung vorenthalten worden. «Deswegen sind unter euch viele schwach und krank, und nicht wenige sind schon entschlafen.» Wenn ein Teil unseres Körpers von uns abgetrennt werden würde, würde er schwach und krank werden und schliesslich sterben. Genau das passiert, wenn wir uns von unserem geistlichen Leib, der Gemeinde, abtrennen. Der Apostel Johannes erklärte: «Wenn wir aber im Licht leben, wie er im Licht ist, haben wir Gemeinschaft (griechisch: *koinonia)* miteinander, und das Blut seines Sohnes Jesus reinigt uns von aller Sünde.» (1 Joh 1,7) Der Herr sagte, dass «im Blut das Leben ist». Wenn wir Mahlgemeinschaft mit ihm haben, werden wir unter dem Haupt als ein Leib vereint, und das Blut seines Lebens kann durch uns fliessen.

Wenn wahres Leben durch uns fliessen soll, müssen wir in rechter Weise mit dem Leib verbunden sein. Aber wir dürfen nur niemals die Verbundenheit mit dem Leib an die Stelle unserer Verbundenheit mit dem Herrn setzen. Wenn man den modernen und populären Definitionen glaubt, was «Verbundenheit mit dem Leib» bedeutet, dann ist es möglich und mittlerweile sogar üblich geworden, ohne eine lebendige Beziehung zu dem Kopf mit dem Leib verbunden zu sein. Das Volk Gottes hat im 20. Jahrhundert den Schwerpunkt seiner Lehre auf die Bedeutung, mit dem Leib verbunden zu sein, gelegt. Das Verbundensein mit dem Haupt wurde nur selten angesprochen. Wenn wir in rechter Weise mit dem Haupt verbunden sind, werden wir auch in rechter Weise mit dem Leib verbunden sein. Wir können nur nicht das Umgekehrte behaupten. Wir dürfen in dieser Angelegenheit nicht weiterhin den Karren vor das Pferd spannen. Die Beziehung zum Kopf muss vor der Beziehung zum Leib kommen!

Natürlich haben schon viele versucht, sich mit der Ausrede, «sie würden den Herrn suchen», vor einer verbindlichen Beziehung zur Gemeinde zu drücken. Petrus sagte, dass die «Unwissenden, die noch nicht gefestigt sind» (2 Petr 3,16), die Lehre und auch die Schrift verdrehen werden. Und es wird viele geben, die sogar die vernünftigste Lehre verdrehen werden. Aber dies ist keine Sache, in der man sich um «entweder/oder» streiten kann. Wir müssen unsere persönliche Beziehung mit dem Herrn an die erste Stelle setzen, und *gleichzeitig* richtig mit seinem Leib verbunden sein, wenn wir das Leben haben wollen. Er sagte, dass wir sein «Fleisch essen» *und* sein «Blut trinken» müssen.

## Wir müssen alles essen

«Nichts davon dürft ihr roh oder in Wasser gekocht essen, sondern es muss über dem Feuer gebraten sein. Kopf und Beine dürfen noch nicht vom Rumpf getrennt sein. Ihr dürft nichts bis zum Morgen übrig lassen.» (Ex 12,9–10)

Viele sind sehr wählerisch mit dem Evangelium geworden, als ob uns die Wahl offen stehen würde, die Aspekte der Erlösung auszuwählen, die uns als wichtig erscheinen. Wenn wir am Paschaopfer des Herrn teilhaben wollen, müssen wir jede

Seite von ihm akzeptieren. Er hat uns nicht die Wahl gelassen zu nehmen, was wir möchten. Er hat uns in einem Gleichnis gesagt, dass wir, wenn wir die kostbare Perle finden, das ganze Feld kaufen müssen, in dem wir sie gefunden haben.

Als der Herr seine Jünger beauftragt hatte, hinauszugehen und alle Völker zu Jüngern zu machen, fügte er ausdrücklich hinzu, «und lehrt sie, *alles zu* befolgen, was ich euch geboten habe» (Mt 28,20a). Wenn wir uns die Entscheidung darüber vorbehalten, welche Teile des Evangeliums wir annehmen wollen und welche nicht, dann nehmen wir dem Evangelium seine ganze Kraft. Oft brauchen wir gerade die Dinge am dringendsten, die für uns die grösste Bedrohung darstellen.

Dabei geht es gar nicht so sehr um den einzelnen Sachverhalt, der uns nicht gefällt und Angst macht. Der Punkt ist der, dass wir Gott von seinem Thron stossen, sobald wir aus seinem Evangelium die Dinge auswählen, die wir *wollen.* Er kann nicht unser Retter werden, wenn wir ihn nicht auch als Herrn annehmen. Wenn wir ihm die Herrschaft abnehmen, liefern wir uns unserer Ichbezogenheit aus, die uns tötet. Die, die behaupten, ihn als Erlöser angenommen zu haben und weiterhin nach ihrem eigenen Willen leben, haben sich täuschen lassen. Wahre Errettung bedeutet, dass man von seinem Eigenwillen und seinem ichbezogenen Leben befreit worden ist und dafür das Leben Jesu erhalten hat. Wenn Jesus nicht Herr über alles ist, ist er überhaupt nicht Herr!

Wenn wir uns, um das Evangelium «annehmbar» zu machen oder aus anderen Gründen, dazu bewegen lassen, mit dem Evangelium Kompromisse einzugehen, berauben wir es seiner Kraft zu retten. Von der Macht des Bösen können wir nicht durch ein paar kleine Veränderungen befreit werden. Erst wenn wir von dem «Ich will», das in unserer gefallenen Natur wurzelt, befreit sind, sowie von unseren andauernden Versuchen, unsere eigenen Türme in den Himmel zu bauen, wird die Macht des Bösen ganz gebrochen sein.

Satans erste und erfolgreichste Versuchung bestand in der Lüge, dass wir «wie Gott» sein könnten (Gen 3,5). Der folgenreichste Fehler des Menschen ist seine Entschlossenheit, sein eigener Herr sein zu wollen! Auf der ganzen Welt werden Menschen, die es aus eigener Kraft zu etwas gebracht haben, geachtet und nachgeahmt. Wenn einer selbst etwas aus sich gemacht hat, hat er das Ziel seines Daseins, nämlich ins Bild seines Schöpfers verwandelt zu werden, verfehlt. Diese «Selfmademenschen» sind die grössten Versager. Denn «was nützt es einem Menschen, wenn er die ganze Welt gewinnt, dabei aber sein Leben einbüsst» (Mt 16,26)? Durch das Paschaopfer Jesu sind wir nicht nur mit seinem Blut «bedeckt» worden. Es hat uns gereinigt, um den Todesengel, den der Sünde verfallenen Leib, und unseren Eigenwillen zu zerstören. Jedes Evangelium, das Errettung ohne völlige Hingabe predigt, ist zugleich ein Evangelium ohne Errettung, und damit ein Feind des wahren Evangeliums. Ein Evangelium mit Kompromissen macht uns gegenüber der Wahrheit blind und taub, mit der Folge, dass wir die Wahrheit, auch wenn wir sie hören oder sehen, nicht mehr annehmen können.

«Denn wer sein Leben retten will, wird es verlieren; wer aber sein Leben um meinetwillen verliert, wird es gewinnen.» (Mt 16,25)

Wenn wir das Leben Jesu haben wollen, müssen wir auch bereit sein, an seinem Tod Anteil zu nehmen. Als der Herr seine Jünger zur Nachfolge berief, mussten sie alles zurücklassen: «Darum kann keiner von euch mein Jünger sein, wenn er nicht auf seinen ganzen Besitz verzichtet.» (Lk 14,33) Unsere Hingabe muss – ganz gleich, ob Jesus von uns nun buchstäblich oder im übertragenen Sinn die Aufgabe unseres Besitzes verlangt – echt und ohne Vorbehalt sein. Wir alle müssen die Lektionen lernen, die Hiob lernen musste, der alles ausser dem Herrn verlieren musste, bevor ihm klar wurde, dass der Herr alles war, was er brauchte. Ein Mensch, der nichts als Jesus braucht, wird von nichts und niemandem gebunden werden.

Der Leib Christi ist heute zersplittert. Wir haben uns die Freiheit genommen, uns die Teile des Leibes Christi auszusuchen, die wir akzeptieren wollen und welche nicht. Von Natur aus neigen wir immer zu dem, was am bequemsten ist. In den meisten Gemeinden hatte dies zur Folge, dass sich in ihnen eine schwächende Einseitigkeit breitmachte. Diejenigen, welche ein Herz für Evangelisation haben, finden sich in einer Gruppe, diejenigen mit einem Herz für den pastoralen Dienst in einer anderen; die Propheten sind wieder in einer anderen Gruppe zu finden. In einer Gemeinde gibt es nur «Füsse», in einer anderen nur «Hände», in der nächsten nur «Augen». Diese Leiber sind groteske Abziehbilder des vollkommenen Leibes, den Christus aus uns formen will. Jedes Glied, das dazugehört, muss in rechter Weise mit den anderen verbunden sein, wenn der Leib richtig funktionieren soll. Es nützt nichts, wenn jemand ein vollkommen gesundes Herz hat, ihm aber Lungen, Nieren, Leber usw. fehlen. Heute ist es oft so, dass sich die Herzen zusammengetan haben und für sich beanspruchen, der Leib zu sein, das Gleiche haben die Augen getan und so weiter. Die verschiedenen Teile des Leibes müssen untereinander Austausch haben, miteinander Beziehungen leben und richtig zusammengefügt werden, bevor der Leib seine Aufgabe effizient erfüllen kann.

Den Pastoren hat Gott ein vorsichtiges Wesen geschenkt, damit die Herde Gottes geschützt wird. Propheten sind von ihrem Wesen her visionär. Ohne den Ausgleich und Einfluss des prophetischen Dienstes werden Pastoren zum Stillstand neigen. Ohne den Einfluss von Pastoren werden Propheten in Extreme abgleiten und Visionen haben, die niemand umzusetzen weiss. Lehrer werden von ihrem Wesen her pragmatisch angelegt sein, was wichtig ist, um das Wort klar verständlich weitergeben zu können. Aber ohne Anstösse von den anderen Diensten werden sie dazu neigen, das Leben in Christus auf Grundsätze und Formeln zum Auswendiglernen zu reduzieren. Es gibt Evangelisten; sie sind da, um sich auf die Nöte der Verlorenen zu konzentrieren. Dabei vergessen sie aber oft, diese heranzuziehen und ihnen zur Reife zu verhelfen. Aber die Gemeinde würde die Nichtchristen ohne die drängenden Worte ihrer Evangelisten schnell vergessen. Weil Apostel dazu berufen sind, Evangelisten, Propheten, Pastoren und Lehrer zu sein, sind sie im Normalfall ausgewogener, und ihre Aufgabe besteht darin, die Gemeinden auf dem rechten Weg zu halten. Die Einheit des Geistes ist keine Einheit durch Gleichheit, sondern eine Einheit in der Vielfalt. Aus diesem Grund hat der Herr uns Apostel, Propheten, Evangelisten, Pastoren und Lehrer gegeben, um die Heiligen zum Dienst zuzurüsten (Eph 4,11–12). Wir müssen *alle* Dienstgaben annehmen; um am Leib des Herrn teilzuhaben, müssen wir «alles essen».

Wir werden ermutigt, «in *allem (zu)* wachsen, bis wir ihn erreicht haben. Er, Christus, ist das Haupt.» (Eph 4,15b). Die Apostel wurden angewiesen, im Tempel aufzutreten und dem Volk «*alle* Worte dieses Lebens» zu verkündigen (Apg 5,20). Der Psalmist hatte erkannt: «Die *Summe* deines Wortes ist Wahrheit» (Ps 119,160; Revidierte Elberfelder Bibel). Vereinzelte Wahrheiten können uns von der Wahrheit ablenken. Wir können uns vom Strom des Lebens durch die einzelnen Nebenflüsse (bzw. Nebensächlichkeiten), die ihn speisen, ablenken lassen. Fast jede Konfession baut auf einem bestimmten Schwerpunkt auf. Sie lehrt vielleicht auch andere Aspekte, legt aber meistens den Schwerpunkt ihrer Lehre nur auf einen kleinen Ausschnitt der gesamten Offenbarung Gottes. Immer wenn wir unsere Aufmerksamkeit auf einen Teil des Ganzen konzentrieren, wird unser Horizont begrenzt sein. Nur wenn wir unsere Aufmerksamkeit auf die Wahrheit – Jesus – konzentrieren, finden alle Erkenntnisse ihren richtigen Platz. Jesus ist die Summe des Wortes Gottes.

Solange wir Jesus nicht als den erkannt haben, in dem alle geistliche Wahrheit zusammengefasst ist, gleichen wir den sprichwörtlichen Blinden, die zu verstehen versuchen, was ein Elefant ist: Einer dachte, es sei ein Baum, weil er das Bein gefunden hatte; ein anderer dachte, es sei ein Fächer, weil er ein Ohr gefunden hatte; wieder ein anderer dachte, es sei eine Peitsche, weil er den Schwanz gefunden hatte, usw. Wenn wir das ganze Tier sehen, verstehen wir, dass sie zwar alle recht hatten, aber über das wahre Wesen des Elefanten so lange keine Klarheit haben werden, bis sie nicht das ganze Tier gesehen haben. Einzelne Aspekte des Wortes Gottes stehen in der Gefahr, falsch ausgelegt zu werden, wenn dies nicht im Zusammenhang mit dem ganzen Wort Gottes geschieht. Der Herr betonte, dass in den Schriften nur dann ewiges Leben zu finden ist, wenn sie von ihm Zeugnis ablegen (Joh 5,39–40). Wenn man einen Bereich überbetont, zeigt das, dass man die gesamte Botschaft nur teilweise und unvollständig verstanden hat. Paulus erläuterte dies den Hebräern: «Viele Male und auf vielerlei Weise hat Gott einst zu den Vätern gesprochen durch die Propheten; in dieser Endzeit aber hat er zu uns gesprochen durch den Sohn.» (Hebr 1,1–2) Der Vater gibt uns keine Brotkrumen mehr. Er hat uns in Jesus den ganzen Laib gegeben.

Vielleicht haben wir eine solche Vision des geeinten und vollkommenen Leibes Christi und sind uns sicher, dass dieser Leib alle Menschen an sich ziehen wird. Aber die Gemeinde soll Menschen nicht nur an sich ziehen, sondern ihnen dienen und sie ausrüsten, sobald sie von ihr angezogen worden sind. Nur wenn Jesus erhoben wird, werden Menschen angezogen werden, und sie werden zu *ihm* gezogen werden! König David erkannte das und schrieb den «Psalm der Einheit» (Psalm 133): «Seht doch, wie gut und schön ist es, wenn Brüder miteinander in Eintracht wohnen. Das ist wie köstliches Salböl, das vom Kopf (Jesus) hinabfliesst auf den Bart, … das auf sein Gewand hinabfliesst.» Wenn wir das Haupt des Leibes mit unserer Anbetung und Hingabe salben, wird das Öl hinabfliessen und den ganzen Leib (Christi) bedecken. Eines Tages wird die Gemeinde Christi in vollkommener Einheit leben, und sie wird es wahrscheinlich nicht einmal merken. Ihre Aufmerksamkeit wird dann auf Jesus gerichtet sein und nicht mehr auf sich selbst.

Kapitel 16

# Der Geist ist am Wirken

## Wir müssen hastig essen

«So aber sollt ihr es essen: eure Hüften gegürtet, Schuhe an den Füssen, den Stab in der Hand. Esst es *hastig!*» (Ex 12,11)

Das Fest der ungesäuerten Brote war ein Teil des Paschafestes (Ex 12,14–20). Sieben Tage lang (vom ersten Tag des Paschafestes an) durfte Israel kein gesäuertes Brot essen. Das sollte die Israeliten an ihre Flucht aus Ägypten erinnern, bei der sie in solcher Eile aufgebrochen waren, dass das Brot nicht genug Zeit zum Durchsäuern hatte:

«Aus dem Teig, den sie aus Ägypten mitgebracht hatten, backten sie ungesäuerte Brotfladen; denn der Teig war nicht durchsäuert, weil sie aus Ägypten verjagt worden waren und nicht einmal Zeit hatten, für Reiseverpflegung zu sorgen.» (Ex 12,39)

Sauerteig (Hefe) wird in der Schrift wegen seiner Eigenschaft, Teig zu durchsetzen, als Symbol für Sünde gebraucht:

«Wisst ihr nicht, dass ein wenig Sauerteig den ganzen Teig durchsäuert? Schafft den alten Sauerteig weg, damit ihr neuer Teig seid. Ihr seid ja schon ungesäuertes Brot; denn als unser Paschalamm ist Christus geopfert worden. Lasst uns also das Fest nicht mit dem alten Sauerteig feiern, nicht mit dem Sauerteig der Bosheit und Schlechtigkeit, sondern mit den ungesäuerten Broten der Aufrichtigkeit und Wahrheit.» (1 Kor 5,6–8)

Sauerteig ist aber auch ein Symbol für Lehren, die ihrem Wesen nach gesetzlich sind. Der Herr warnte seine Jünger: «Gebt Acht, hütet euch vor dem Sauerteig der Pharisäer und Sadduzäer!» (Mt 16,6) Nicht lange nachdem das Evangelium begonnen hatte, sich allmählich auszubreiten, versuchten gläubig gewordene Pharisäer, die junge Gemeinde wieder unter das Joch des Gesetzes zu zwingen. Satan wollte die junge Braut Christi mit der gleichen Täuschung verführen, mit der er auch Eva verführt hatte: Sie sollte vom Baum der Erkenntnis von Gut und Böse essen. Nach einer heftigen Meinungsverschiedenheit liessen die Apostel und Ältesten in allen Gemeinden die wohl wichtigste Verlautbarung aller Zeiten bekannt geben:

«Denn der Heilige Geist und wir haben beschlossen, euch keine weitere Last aufzuerlegen als diese notwendigen Dinge: Götzenopferfleisch, Blut, Ersticktes und Unzucht zu meiden. Wenn ihr euch davor hütet, handelt ihr richtig.» (Apg 15,28–29)

Das Lexikon *Webster's New World Dictionary* definiert Sauerteig als «hefeähnliche Substanz, die vor allem in Teig Gärungsprozesse herbeiführen soll». Dasselbe Wörterbuch beschreibt Gärung als einen «Zustand von Erregung, Bewegung, Aufruhr, Unruhe».

Die Apostel und Ältesten in Jerusalem stellten fest, dass die gläubig gewordenen Pharisäer in der jungen Gemeinde diese Symptome hervorbrachten: «Wir haben gehört, dass einige von uns, denen wir keinen Auftrag erteilt haben, euch mit ihren Reden *beunruhigt* und eure Gemüter erregt haben.» (Apg 15,24) Das sind die typischen Merkmale geistlichen Sauerteigs.

Lehren, die den Leib Christi beunruhigen und durcheinanderbringen, haben ihre Wurzel oft in Gesetzlichkeit. Dabei wird auf die Gemeinden ein ständiger Druck ausgeübt, nach bestimmten Prinzipien und/oder formelhaften Anleitungen zu leben, um Reife zu erlangen. Jede einzelne dieser Lehren erscheint «köstlich, eine Augenweide und verlockend, um klug zu werden» (vgl. Gen 3,6). Wenn die Frucht nicht reizvoll wäre, könnte Satan uns nicht versuchen. Gesetze, Prinzipien und Formeln haben ihren Reiz, weil sie die Sicherheit des Bekannten bieten. Wenn wir nach Gesetzen oder Prinzipien leben, haben wir die Kontrollmöglichkeiten, nach denen unsere Unsicherheit schreit. Aber das ist wiederum eine falsche Sicherheit; denn auch sie gründet in uns selbst anstatt in der Person, in der allein echte Sicherheit zu finden ist.

## Gerechtigkeit, die höher ist als das Gesetz

«Denn alle, die sich vom Geist Gottes leiten lassen, sind Söhne Gottes.» (Röm 8,14) Wie ich schon an anderer Stelle erörtert habe, bedeutet im Geist zu leben nicht, dass wir uns nicht mehr an das Gesetz halten müssen. Wenn wir uns vom Geist leiten lassen, tun wir sogar mehr, als nur das Gesetz zu halten, wir erfüllen es! Das Gesetz sagt zum Beispiel, dass wir die Frau oder den Besitz unseres Nächsten nicht begehren sollen. Der Geist beruft uns zu noch Höherem: Wir sollen unseren Nächsten lieben. Wenn wir unseren Nächsten lieben, werden wir konsequenterweise auch nicht sein Eigentum begehren oder ihm in irgendeiner Weise Schaden zufügen wollen. Der Geist gibt nicht nur die Anweisung; er gibt uns die Fähigkeit zu lieben – er vermittelt uns seine Liebe. Jesus kam nicht, um das Gesetz zunichte zu machen, sondern um es zu erfüllen – er kam, um uns *über* das Gesetz zu heben; er kam, um uns die Kraft zu geben, über die Forderungen des Gesetzes hinauszugehen.

Vom Geist geleitet zu werden, hat zur Folge, dass wir Leben, Friede und Erfüllung haben. Aber es ist nicht leicht; und es ist deshalb nicht leicht, weil das Fleisch gegen den Geist kämpft. Das «Ich will»-Wesen Kains ist in uns allen; und es gibt sich dem Geist nicht kampflos geschlagen. Im Fleisch ist eine Entschlossenheit, «wie Gott zu sein» und über sein eigenes Schicksal selbst bestimmen zu wollen. Diese Entschlossenheit, die Kontrolle zu bewahren, wehrt sich verzweifelt dagegen, das

Steuer aus der Hand zu geben. Wenn wir aber vom Geist geleitet werden wollen, darf niemand ausser Jesus unser Herr sein.

Es ist viel leichter, Regeln aufzustellen, als dem Geist gegenüber empfindsam zu sein. Regelungen können Ordnung schaffen und einem viel Druck abnehmen. Aber sie können unser innerstes Wesen nicht verändern. Es kommt eine Zeit, in der Regeln nicht mehr das Chaos beseitigen können. Wir brauchen ein festeres Fundament. Wenn wir in unserer Religion Ordnung und Sicherheit suchen, werden wir beides verlieren.

Furcht vor Täuschung wird uns nicht vor Täuschung bewahren können. Im Gegenteil, Furcht wird dazu beitragen, dass wir in die Irre laufen. Wir dürfen nicht aus Angst leben; wir müssen aus dem Glauben leben. Die Schrift sagt, dass wir nur vor Verblendung bewahrt werden, wenn wir *die Wahrheit – Ihn selbst – lieben.* Wenn wir nachts unsere Fensterläden öffnen, kommt nicht Dunkelheit herein, sondern das Licht leuchtet in die Dunkelheit hinaus. Licht bezwingt die Finsternis, es ist stärker. Wenn wir den Willen des Vaters tun und ihm dienen, werden wir eine Ordnung und Sicherheit finden, die von keinem Chaos der Welt überwältigt werden kann. Wir müssen seine Stimme hören und von allen anderen Stimmen in der Welt unterscheiden können. Wenn die grosse Erschütterung kommt, und sie wird kommen (Hebr 12,25–29), dann wird unsere einzige Sicherheit darin liegen, seine Stimme zu hören und ihm nachzufolgen. Und das ist die grösste Sicherheit, die wir haben können.

Soll das heissen, dass wir alle Gesetze, Regeln und Vorschriften der Gesellschaft abschaffen sollen? Natürlich nicht! Der Apostel sagte: «Das Gesetz ist gut, wenn man es im Sinn des Gesetzes anwendet und bedenkt, dass das Gesetz nicht für den Gerechten (die, die in Christus sind) bestimmt ist, sondern für Gesetzlose und Ungehorsame, für Gottlose und Sünder, für Menschen ohne Glauben und Ehrfurcht.» (1 Tim 1,8–9) In der Welt sind Gesetze und Vorschriften notwendig, um so lange, bis das Reich Gottes kommt, ein Minimum an Ordnung aufrechtzuerhalten. Aber man darf den Menschen Gesetze und Vorschriften nicht zur geistlichen Disziplin auferlegen; nur der Geist kann das hervorbringen, was Bestand haben soll.

Die Bibel ist Gottes Gebrauchsanweisung für den Menschen. Sie enthält die tiefste Weisheit, die je in menschlicher Sprache niedergeschrieben worden ist; denn sie gibt wichtige Hinweise, wie der Mensch funktioniert, welche Möglichkeiten er hat und was die Ursache seiner Probleme ist. Es ist nicht möglich, den Wert dieser wunderbarsten Gabe, die Gott uns gegeben hat, zu hoch zu schätzen. Aber vergessen Sie nicht, dass uns die Bibel gegeben wurde, um uns *zu* Jesus zu führen, und *nicht*, um seinen Platz einzunehmen.

## Geistliche Ordnung

Aus gutem Grund sagt der Herr weit weniger über Ordnung in der Gemeinde, als man vermuten sollte. Seine Schafe müssen unbedingt seine Stimme kennen. Die Gemeinde Jesu muss vom Haupt und nicht von Regeln gelenkt und geleitet werden. Der Herr hat absichtlich über viele wichtige Dinge so wenig gesagt, denn er will, dass wir ihn in diesen Dingen suchen. Das Neue Testament ist bis zum Rand mit den weisesten Ratschlägen gefüllt, welche die Welt je gehört hat. Aber der Herr und seine Apostel haben darauf geachtet, dass für Gemeinden nur wenige allgemeine Regeln und Vorschriften aufgestellt wurden. Sie wussten, dass jede Regel die Gemeinde davon abhalten würde, den Herrn zu suchen.

Die Pharisäer gingen jedes Problem und jede Frage mit einer neuen Regel an. Der Herr sagte, ihre Lehren seien wie Sauerteig, da sie unter den Menschen Aufregung und Unruhe bewirkten. Wenn wir versuchen, Probleme in der Gemeinde mit neuen Vorschriften zu bewältigen, säen wir Sauerteig. Wie die Lehren der Pharisäer lösen Regeln und Vorschriften die anstehenden Probleme nur oberflächlich. Das eigentliche Problem können sie meist nicht lösen. Sie verhelfen vielleicht zu einem gewissen Mass an Kontrolle und Ordnung, aber die schönste Ordnung unter Menschen herrscht auf dem Friedhof! Wenn Ordnung unsere Beziehung mit dem Herrn ersetzt, enden wir im Normalfall auf einem geistlichen Friedhof. Tote machen keine Probleme. Die geistlich Toten werden die geordnete Kirche bekommen, die sie sich wünschen. Aber der Herr kam, um uns Leben in *Fülle zu* geben. Fülle bedeutet nicht, dass alles gut geht. Fülle bedeutet lediglich, dass genügend da ist, «Gutes und Schlechtes».

Wenn wir nach Vorschriften leben, wird sich zwar äusserliche Ordnung einstellen, aber unser Geist wird immer unruhiger und aufgeregter werden. Im Gesetz ist so lange keine wirkliche Ruhe zu finden, bis alles tot ist. Dann sind aus Menschen, die in einer lebendigen Beziehung mit ihrem Schöpfer leben könnten, menschliche Maschinen oder Zombies geworden. Jesus ist der «Herr des Sabbats», der Herr der Ruhe. Wenn wir in ihm bleiben, haben wir Leben und Frieden. Er sagt uns: «Lasst ab und erkennt, dass *ich Gott bin.*» (Ps 46,11a) Das Gesetz verleitet uns dazu, auf uns selbst zu schauen. Und dort werden wir nur Tod und Verderben finden. Der Geist zeigt uns Jesus und wahres Leben. Nur dieses Leben weckt in uns die Liebe und das Sehnen nach ihm, das uns ihn täglich neu suchen lässt.

«Die Erklärung deiner Worte bringt Erleuchtung», sagt der Psalmist (Ps 119,130a). Gottes Wort birgt in sich eine Tiefe, die wir bisher nicht einmal bei unseren grundlegendsten Lehren auch nur ansatzweise erfasst haben. Wenn wir uns mit unserer gegenwärtigen Erkenntnis und unserem momentanen Verständnis von Gott zufriedengeben, begehen wir einen grossen Fehler. Noch «schauen wir in einen Spiegel und sehen nur rätselhafte Umrisse» (1 Kor 13,12). Solange wir ihn nicht vollkommen kennen, werden wir nichts von ihm ganz verstehen. «Doch der Pfad der Gerechten ist wie das Licht am Morgen; es wird immer heller bis zum vollen Tag.» (Spr 4,18) Sobald die Wahrheit aufhört, sich vor unseren Augen weiter zu entfalten, leben wir in Dunkelheit. Wasser wird oft als Sinnbild für das

Wort Gottes gebraucht (vgl. Eph 5,26). Der Herr gebraucht natürliche Phänomene als Sinnbild für eine geistliche Realität, weil deren Eigenschaften das Wesen der geistlichen Realität oft plastisch widerspiegeln können. Wasser hat die Eigenschaft, dass es fliessen muss, um rein zu bleiben. Sobald es einmal steht, ist es schnell abgestanden. Mit dem Wort Gottes verhält es sich ähnlich.

Jede Offenbarung, die wir von der Wahrheit bekommen, sollte sich in unserem Leben immer weiter entfalten und vertiefen. Deshalb ist der Strom des Lebens ein Strom! Er ist kein Teich und kein See; er fliesst, er bewegt sich, er führt irgendwo hin. Wie ein Weiser früher einmal bemerkte: «Man kann nie zweimal in den gleichen Fluss treten.»

Menschen mit einem pharisäischen Geist fühlen sich von beständig zunehmender Wahrheit bedroht. Sie haben zwar einen Eifer für den Herrn und sehnen sich nach der reinen Wahrheit. Aber ihre wahre Sicherheit liegt in menschlichen Traditionen, mittels derer sie sich vor der Wahrheit schützen.

Diese Menschen fühlen sich durch jene bedroht, deren Verständnis über die Wahrheit immer weiter wächst. Faktisch haben die meisten von ihnen Orthodoxie mit Offenbarung auf die gleiche Ebene gestellt, obwohl sie dies vehement bestreiten würden. Wenn wir erkennen, dass es noch viel mehr zu erkennen gibt und wir ein tieferes Verständnis einer Wahrheit suchen, dann gibt es auch die Möglichkeit fälschlicher Offenbarung. Wenn wir aber aufhören, uns nach tiefer gehenden Offenbarungen auszustrecken, dann sind wir bereits im Irrtum, der uns auch in Zukunft weiter schwächen und vergiften wird. *Wahrheit zu haben, schützt nicht vor Verblendung; wir sind nur geschützt, wenn wir die Wahrheit lieben.*

Israels Brot hatte keine Zeit durchzusäuern, weil sie so eilig aus Ägypten aufbrachen. Wenn auch wir mit dem Geist vorangehen, wird unser Brot keine Zeit haben, mit Sünde, Bosheit oder Gesetzlichkeit durchsäuert zu werden. Unser «Brot» wird nur dann verderben, wenn wir aufhören, geistlich weiterzugehen und zu wachsen.

Wir haben erörtert, dass das Paschalamm fünf Tage vor der Opferung in die Häuser Israels geholt wurde, um dort genauestens auf Fehler untersucht zu werden. Dabei haben wir erkannt, dass auch wir Christus sehr genau untersuchen müssen, bevor wir für ihn eine Entscheidung treffen. In diesem Kapitel sollte nun deutlich werden, dass wir uns, sobald wir diese Entscheidung gefällt haben, eilig aufmachen und aus Ägypten fliehen sollten.

Es ist sehr interessant, zu sehen, wie *unverzüglich* man in der Urkirche die Neubekehrten getauft hat. Das bedeutet, dass man es für sehr wichtig hielt, diese ernsthafte und reiflich überlegte Entscheidung, sobald sie einmal gefällt war, mit dem öffentlichen Glaubensbekenntnis zu besiegeln – der Wassertaufe. Nirgendwo in der Schrift finden wir so etwas wie einen Altarruf, das Heben der Hand oder die Vielzahl anderer Methoden, mit denen wir den biblischen Brauch, Menschen sofort nach ihrer Bekehrung zu taufen, ersetzt haben. Diese oft nur bequemlichkeitshalber eingeführten menschlichen Praktiken haben gezeigt, dass sie oft alles andere als eine Besiegelung der Entscheidung bewirken, die ein Neubekehrter getroffen hat. Wie viel durchschlagender wären auf Neubekehrte die Auswirkungen dieser «Entscheidung«, wenn wir die biblische Anweisung, Menschen unverzüglich nach ihrer Entscheidung zu taufen, befolgen würden? Wenn Neubekehrte eine biblische Grundlage ihrer Entscheidung erkennen könnten, wäre dann ihr Schritt nicht ein viel kraftvolleres Zeichen in ihrem Leben, als wenn sie sich andauernd fragen müssen, ob damals, als sie in jenem Gottesdienst nach vorne gelaufen sind oder kurz die Hand gehoben haben, wirklich etwas geschehen ist?

Kapitel 17

# Kein Fremder darf davon essen

*«Folgende Regel gilt für das Pascha: Kein Fremder darf davon essen.»* *Ex 12,43*

Je mehr wir als Leib Christi in der Gnade und der Erkenntnis unseres Herrn wachsen, umso toleranter werden wir. Aber das bedeutet nicht, dass wir jeden in unsere Gemeinde aufnehmen müssen!

Die Geschichte zeigt, dass jede Wahrheit, die der Kirche wieder zurückgegeben wird, oft von der Masse wieder verwässert und niedergetrampelt wurde. Unsere Neigung, unsere Sicherheit im Beifall der Menge zu suchen, hat die Kirche unermesslich viel gekostet, denn dadurch wurde die Kraft der reinen und kompromisslosen Wahrheit verwässert. Wir werden gewarnt, uns in Acht zu nehmen, wenn alle Leute gut von uns denken. Haben die Leute nicht von Herzen den falschen Propheten zugejubelt (Lk 6,26)? Wir dürfen nur darin unsere Sicherheit finden, dass Gott uns bereits angenommen hat und dass wir in Jesus gerechtfertigt sind. «Menschenfurcht stellt eine Falle.» (Spr 29,25a; Revidierte Elberfelder Bibel)

Eine Tür hat zwei Aufgaben: Leute hereinzulassen und sie draussen zu halten. Jesus ist die Tür. Wenn wir denen, die nicht durch diese Tür gekommen sind, erlauben, sich der Gemeinde anzuschliessen, gefährden wir sowohl die Gemeinde als auch die Unbekehrten. Das soll nicht heissen, dass man ihnen nicht erlauben sollte, an Gottesdiensten und Versammlungen teilzunehmen. Man sollte sie aber erst dann als Glied in den Leib Christi aufnehmen, wenn sie auch mit dem Haupt verbunden sind.

## Leere Anbetung

Neue Gebäude, Familienzentren, Projekte und Programme haben viele Menschen in die Gemeinden gebracht. Sie haben vielleicht sogar dazu beigetragen, einige in den Gemeinden zu halten. Aber sie haben nie jemand zu Christus geführt. Vielleicht denken wir, dass die dynamische Spiritualität unserer Gemeinde Menschen zu ihm führen wird; aber durch unsere Spiritualität wird das nie geschehen. Gemeinden können echte Bekehrungen sogar verhindern und Menschen von einer solchen lebensverändernden Begegnung mit Gott abhalten, wenn sie es zulassen, dass man in ihnen Mitglied sein kann, ohne wiedergeboren zu sein! Wenn eine Gemeinde sich damit zufriedengibt, dass ihre Mitglieder regelmässig zum Gottesdienst kommen und sich bei den zahlreichen Gemeindeaktivitäten engagieren, kann dies den Heiligen Geist sogar daran hindern, uns in unserem Leben von Sünde zu überführen. Dies ist deshalb möglich, weil Menschen, die nur Kirchenbesucher sind, durch diese Aktivitäten in Sicherheit gewogen werden können und deswegen weiterhin ungerettet bleiben.

Als Gott das erste Mal über etwas sprach, das *nicht gut* für den Menschen sei, sprach er das Alleinsein an. Er hat uns als soziale Wesen geschaffen, und deshalb sehnen wir uns alle nach starken sozialen Bindungen. Die wahre Kirche ist das dynamischste soziale Gebilde, das die Welt je gesehen hat. Wir müssen aufpassen, dass Menschen nicht zu unseren Versammlungen hingezogen werden anstatt zum Herrn. Es kommt sehr häufig vor, dass Leute die richtigen Dinge sagen, ihre äusseren Verhaltensweisen verändern und sogar die Lehre von Christus mit ihrem Verstand glauben – und Jesus in ihrem Herzen trotzdem nicht kennen. Es ist möglich, «geistlich» zu sein

– und ihn dennoch nicht zu kennen. Der Herr sagte in diesem Zusammenhang einmal:

«Viele werden an jenem Tag zu mir sagen: Herr, Herr, sind wir nicht in deinem Namen als Propheten aufgetreten, und haben wir nicht mit deinem Namen Dämonen ausgetrieben und mit deinem Namen viele Wunder vollbracht? Dann werde ich ihnen antworten: Ich kenne euch nicht. Weg von mir, ihr Übertreter des Gesetzes!» (Mt 7,22)

Wenn wir durch Christus ein Teil der Gemeinde Gottes geworden sind, bedeutet dies für uns Kraft und Leben. Es ist jedoch sinnlos, wenn wir versuchen, mit Christus durch die Mitgliedschaft in einer Gemeinde eins zu werden. Man kann nicht zu Christus gehören, ohne ein Teil seines Leibes geworden zu sein. Oft haben wir es Neubekehrten jedoch zu einfach gemacht und ihnen ermöglicht, Teil dieses Leibes zu werden, ohne das Haupt zu kennen. Paulus hat den Heiden kompromisslos Christus als den Gekreuzigten verkündigt. Er wusste genau, dass es zu unechten Bekehrungen führen wird, wenn Menschen durch etwas anderes als durch Jesus selbst in die Gemeinde gezogen werden. Paulus gebrauchte weder Psychologie noch Methoden, um Menschen in den Leib Christi zu bringen. Er hatte etwas viel Machtvolleres: *das Evangelium.*

«Wie die Rebe aus sich keine Frucht bringen kann, sondern nur, wenn sie am Weinstock bleibt, so könnt auch ihr keine Frucht bringen, wenn ihr nicht in mir bleibt.» (Joh 15,4)

Es ist sehr gefährlich, «kein rechtes Verständnis vom Leib des Herrn zu haben» und denen, die noch nicht durch «die Tür» gegangen sind, zu erlauben, sich uns anzuschliessen. Genauso gefährlich ist es, sich anzumassen, man kenne den geistlichen Zustand eines anderen oder seinen Stand vor Gott, wenn dieser nicht *offensichtlich* ist. Es gibt gewisse grundlegende Wahrheiten, über die wir unbedingt gleicher Ansicht sein müssen, um miteinander weitergehen zu können. Das ist vor allem die Sühnetat Jesu und die Herrschaft Jesu. Wenn wir jedoch exklusiv werden und andere aufgrund von Lehren ausschliessen, die über diese Offenbarung von Jesus als der Tür hinausgehen, stehen wir in Gefahr, uns selbst vom Leib Christi abzuspalten und zu einer Splittergruppe oder gar einer Sekte zu werden.

## Die Wohnstätte Gottes

Das Heiligtum des Mose war ein Sinnbild sowohl für Jesus als auch für seine Gemeinde, da beide eine Wohnstätte Gottes sein sollten. Je weiter man sich im Heiligtum des Mose der Gegenwart Gottes näherte, desto geheiligter musste man sein. Unsere Situation ist ähnlich. Der Apostel ermahnt uns: «Strebt voll Eifer nach Frieden mit allen und nach der Heiligung, ohne die keiner den Herrn sehen wird.» (Hebr 12,14)

Als das Heiligtum des Mose fertiggestellt und für den Gebrauch geheiligt worden war, durfte kein ungeheiligter Mensch den inneren Teil betreten oder auch nur die Geräte darin betrachten. Die Strafe dafür war Tod (Num 4,20). Damit sollte deutlich gemacht werden, dass wir geheiligt werden müssen, bevor wir die heiligen Dinge sehen können. Wenn ein Mensch in Dunkelheit lebt und plötzlich sehr hellem Licht ausgesetzt wird, wird er nicht erleuchtet, sondern geblendet werden! Deshalb müssen wir aufpassen, wenn wir Nichtchristen oder Neubekehrte mit den tieferen Wahrheiten des Herrn konfrontieren. Fleisch wird den Hunger von Babys nicht stillen können. Babys können an Fleisch sogar ersticken!

Weil Akazienholz verzogen, knorrig und schwer zu verarbeiten war, steht es in der Schrift oft als Sinnbild für das gefallene Wesen des Menschen. Die Einrichtung im Vorhof von Moses Heiligtum war ausschliesslich aus Akazienholz gefertigt, und natürliches Sonnenlicht erhellte den Platz. Damit sollte dargestellt werden, dass bei den meisten Menschen, die nur den Vorhof betreten, ihre sündige Natur zwar offengelegt worden ist, sie sich aber immer noch hauptsächlich von «natürlichem» Licht leiten lassen.

Wenn man die Stiftshütte betrat, kam man in das Heiligtum Die Einrichtung hier war aus Akazienholz gefertigt, das mit purem Gold überzogen war. Das unzerstörbare Gold symbolisiert das göttliche Wesen. Das einzige Licht im Heiligtum stammte von einer Öllampe, die Olivenöl verbrannte. Das Olivenöl ist immer schon das Symbol für die Salbung des Heiligen Geistes gewesen. Im Heiligtum gibt es kein natürliches Licht mehr. Hier können wir uns nicht mehr ausschliesslich nach unserem natürlichen Verstand richten, sondern hier sind wir vom Heiligen Geist abhängig. Im Allerheiligsten, dem innersten Teil, wohnt der Herr selbst. Hier besteht die Deckplatte mit den Cherubim, die auf der Lade liegt, aus reinem Gold. Die Gegenwart des Herrn ist die einzige Lichtquelle im Allerheiligsten. Je näher wir also der Herrlichkeit des Herrn kommen, desto mehr Gold werden wir finden. Damit sollte symbolisch zum Ausdruck gebracht werden, dass wir durch die Herrlichkeit des Herrn in seine göttliche Natur verwandelt werden (vgl. 2 Kor 3,18). Je mehr wir uns der Herrlichkeit Gottes nähern, umso mehr ändert sich das Wesen des Lichtes, das wir für unseren Wandel brauchen. Je näher wir Gott kommen, umso mehr ändert sich die Art, wie wir ihn kennen lernen und erkennen. Sie ändert sich vom natürlichen Licht, der natürlichen Erkenntnis, über die Salbung des Heiligen Geistes bis hin zu der Gegenwart und Herrlichkeit Gottes.

«Unser Gott ist verzehrendes Feuer» (Hebr 12,29). Wenn das Akazienholz dem Feuer der Herrlichkeit Gottes ausgesetzt worden wäre, ohne vorher mit Gold überzogen worden zu sein, wäre es verzehrt worden. Wir müssen um *unseretwillen* geheiligt sein, um den Herrn sehen und uns ihm nähern zu können. Sonst werden wir von seiner Gegenwart verzehrt werden (Hebr 12,14).

Leider stellen sich viele den Vater als den Gott des Alten Testamentes vor, der uns zerstören will, wenn Jesus als unser Mittler nicht seinen Zorn mildern würde. Wir dürfen niemals vergessen, dass es der Vater war, der seinen Sohn gesandt hat, weil er «die Welt so sehr geliebt hat». Der Vater liebt uns, er sehnt sich so sehr nach Gemeinschaft mit uns, dass er seinen eigenen Sohn Folter und Tod auslieferte, *damit* wir uns ihm nähern *können.* Aber Gott ist heilig, und seine Heiligkeit ist ein verzehrendes Feuer. Deshalb müssen wir geheiligt sein, wenn wir ihn sehen wollen. Wenn wir immer noch Holz, Stroh und Stoppeln sind, werden wir in seiner Gegenwart verzehrt werden. Wenn wir mit seinem Sohn in einer immer tieferen und engeren Beziehung leben und dadurch auch immer mehr vom Gold seines göttlichen Wesens überzogen werden, werden wir uns unserem Vater immer mehr nähern. Durch die Kreuzigung Jesu wurde der Vorhang zerrissen, der uns vom Vater trennte. Wenn wir «mit Christus gekreuzigt» sind und sein reinigendes Blut für unser Leben in Anspruch genommen haben, dann ist der Weg frei, voller Zuversicht in die Gegenwart des Vaters einzutreten. Und danach sehnt Gott sich von Herzen.

Im Vorhof soll den Menschen gedient werden. Im Heiligtum und im Allerheiligsten wird Gott gedient; und dies verändert uns. Ohne diese Zeit im Allerheiligsten werden wir im Vorhof niemals einen effektiven Dienst tun können. Wir haben die Aufgabe, das Licht des Herrn hinauszutragen. Aber wir können die anderen so lange nicht mit in dieses Licht hineinnehmen, bis sie geheiligt sind. Keine Fremden dürfen am Paschaopfer des Herrn teilhaben; und wer «kein rechtes Verständnis vom Leib des Herrn hat«, sollte nicht von Brot und Wein nehmen.

## Die drei Ebenen des Dienstes

Der Dienst im Heiligtum lässt sich in drei Ebenen einteilen. Ebenso fand der Dienst Jesu auf drei Ebenen statt: der Dienst an der Menge, an den Zwölfen und der Dienst an den Drei. Zur Menge sprach er in Gleichnissen über die Grundlagen des Glaubens (Vorhof). Den Zwölfen offenbarte er die Geheimnisse, und sie erlebten die Salbung (Heiligtum). Die Drei durften seine Herrlichkeit auf dem Berg der Verklärung sehen (das

Allerheiligste). Evangelistisch orientierte Pastoren werden Gemeinden haben, die sich hauptsächlich auf den Aspekt des Dienstes im Vorhof konzentrieren. Pastoren mit einer ausgeprägten Lehrgabe werden Gemeinden haben, die den Schwerpunkt auf den Dienst im Heiligtum legen. Gemeinden, die von Propheten geleitet werden, tendieren dazu, nur den Dienst im Allerheiligsten zu tun. Reife und ausgewogene Gemeinden werden auf allen drei Ebenen Dienst tun, wie man es bei dem Herrn selbst und der Stiftshüte exemplarisch sehen kann.

Alle Gemeinden und Leiter müssen sowohl einen Dienst an den Verlorenen haben als auch ihren Gemeindemitgliedern auf verschiedenen Ebenen der Reife dienen. Wenn das nicht passiert, neigen Gemeinden oft zu Extremen oder fallen sogar in Irrtum. Wenn sich niemand mehr in einer Gemeinde bekehrt, wird die Gemeinde zum Stillstand kommen. Wenn wir keine Treffen haben, die zu nichts anderem da sind, als den Herrn anzubeten, wird sich in unserer Mitte Oberflächlichkeit breitmachen; und der Dienst an Menschen wird immer mehr an Salbung und Vollmacht verlieren.

Es ist sehr wichtig, dass wir erkennen, von welcher Bedeutung es ist, den uns anvertrauten Menschen auf allen Reifestufen zu dienen. Wir müssen wissen, dass wir Menschen nicht aufgrund ihres Reifegrades beurteilen und bewerten dürfen. Unter einer guten Gemeindearbeit reift jedes Gemeindemitglied und erkennt in seinem Leben eine immer grösser werdende Effektivität sowie höhere Ebenen an Erfahrungen und Vertrautheit mit dem Herrn. Wenn ein Leiter einem Menschen, der ihm anvertraut ist, effektiv dienen will, muss er herausfinden, wo diese Person geistlich gerade steht. Das darf aber niemals dazu führen, dass diese Menschen in eine bestimmte «geistliche Schublade» gesteckt werden!

Manche haben dieses Wissen um Reifegrade dazu missbraucht, sich selbst als geistlicher und andere als weniger geistlich einzustufen. Dagegen kann man nichts machen. Petrus sagte über die Lehren des Paulus, dass sie manche Dinge enthielten, die nur schwer zu verstehen seien und welche die

Unwissenden, die noch nicht gefestigt sind, verdrehen würden, wie sie es auch mit den übrigen Schriften machen (vgl. 2 Petr 3,15–16). Wenn jemand Stolz im Herzen hat, wird er sogar die Schrift dazu missbrauchen, um sein Ego zu nähren. Wenn jemand wirklich demütig ist, werden ihn auch die grössten Auszeichnungen von Gott und den Menschen nur noch demütiger machen.

Echte Demut ist kein Minderwertigkeitskomplex. Echte Demut wächst, wenn wir die Majestät des Herrn erkennen. Der Apostel sagte, dass die, die sich an sich selbst (oder an anderen) messen, unverständig sind (2 Kor 10,12). In seinem Reich ist jede Autorität und Position nur zum Dienen berufen. Der Herr schätzt den treuen und gehorsamen Dienst eines Helfers mehr als den Dienst des bemerkenswertesten Apostels, der sich für etwas Besseres hält.

## Warum Unkraut wächst

Unter dem Weizen wird auch Unkraut wachsen (vgl. Mt 13,30). Sogar der Apostel Paulus setzte Älteste ein, die sich als Wölfe entpuppen sollten (vgl. Apg 20,29–30). Jesus wählte Judas und nahm ihn in den inneren Kreis auf. Obwohl diese Menschen manchmal sogar grossen Schaden und Verwirrung anrichten, dienen sie in Wirklichkeit den Plänen Gottes. Alles dient denen zum Besten, die Gott lieben. Solche Erschütterungen machen uns fast immer abhängiger vom Herrn und unabhängiger von denen, die nur Fleisch und Blut sind. Das bedeutet nicht, dass wir absichtlich Verräter als Leiter einsetzen und falsche Brüder in unsere Versammlungen aufnehmen sollen. Aber es wird sich nicht vermeiden lassen, und es wird dann zu unserem Besten dienen.

In den 60er- und 70er-Jahren war «Unterordnung» ein wichtiges Thema im Leib Christi. Dieses Wort war von Gott, und nur er weiss, wie dringend wir es inmitten der damals weltweit um sich greifenden Rebellion brauchten. Aber es dauerte nur kurze Zeit, bis wir unsere eigenen Lehren über Unterordnung formuliert hatten und damit begannen, Menschen danach zu beurteilen, wie sehr sie unserem Bild von Unterordnung entsprachen, anstatt in ihrem Leben nach der Frucht der Unterordnung Ausschau zu halten. Einige der rebellischsten Dienste konnten in der Gemeinde ihr Unwesen treiben. Der Massstab war ja nur, der damaligen Lehre im Blick auf die Unterordnung zu entsprechen. Einige Männer und Frauen Gottes, die wahrhaft in Zerbruch und Unterordnung lebten, wurden dagegen vom Dienst ausgeschlossen, weil sie nicht in das Bild der Lehre passten. Heute sind die verheerenden Folgen dieser Oberflächlichkeit Geschichte.

In den kommenden Jahren wird «Demut» in den Vordergrund rücken. Das ist ein wichtiges Wort zur rechten Zeit. Aber wir müssen aufpassen, dass wir nicht denselben Fehler begehen, der damals mit «Unterordnung» begangen wurde. Es ist richtig, dass der Herr den Stolzen widersteht und den Demütigen seine Gnade schenkt. Aber es ist viel besser, wenn wir das seine Aufgabe sein lassen! Wir müssen anfangen, uns nach dem Geist und nicht nach dem Fleisch zu beurteilen. Nur der Geist kann Dinge richtig beurteilen. Die äussere Erscheinung täuscht fast immer. König Saul erschien demütig; man sagte, dass er «sich selbst für gering hielt». David erschien arrogant und anmassend, weil er Israels Armee für ihre Furchtsamkeit zurechtwies und sagte, dass die Rüstung des Königs nicht gut genug für ihn sei. Wir müssen unsere Tendenz überwinden, dem Erstbesten zu folgen, der den anderen überlegen scheint.

Die, die wir nach unserem Ermessen für Unkraut halten, können auch Weizen sein und umgekehrt. Aus diesem Grund hat der Herr uns angewiesen, Weizen und Unkraut bis zur Ernte miteinander wachsen zu lassen. Solange Weizen und Unkraut nicht reif sind, ähneln sie sich oft so sehr, dass man sie kaum unterscheiden kann. Beide können arrogant sein; beide vertreten vielleicht falsche Auffassungen oder Lehrmeinungen oder fallen hin und wieder in Sünde. Der Unterschied wird erst dann sichtbar, wenn sie zur Reife gelangt sind. Während der Ernte wird der Weizen sich neigen und das Unkraut wird aufrecht stehen bleiben. Wenn Weizen zur Reife kommt, wird er demütig; aber diejenigen, die tatsächlich Unkraut sind, werden weiterhin stolz bleiben.

Wir sollten auch niemals Gottes Gnade oder sein Gericht ausser Acht lassen. Manche, die Unkraut sind, tun vielleicht Busse und werden zu Weizen. Genauso werden manche, die Weizen sind, fallen und zu Stolpersteinen in unserer Mitte werden. Dass «Fremde nicht am Paschalamm teilhaben dürfen«, ist eine Wahrheit; aber wir müssen vorsichtig sein, wie wir diese Wahrheit anwenden. Diejenigen, welche noch nicht durch «die Tür» gekommen sind, erkennt man ganz deutlich. Darüber hinaus Urteile zu fällen, ist gefährlich und kann zu schmerzlichen Irrtümern führen.

Gott hat es so eingerichtet, dass sich Wahrheit immer in dem Spannungsfeld von zwei Extremen findet. Wenn wir im Licht bleiben, werden wir nicht versuchen, diese Spannung aufzulösen und Wahrheit zu einer Formel, einem Prinzip oder einer unflexiblen Doktrin zu reduzieren. Das Verlangen, die scheinbaren Widersprüche in der Schrift durch logische Schlussfolgerungen bis hin in ihre letzten Details auseinanderzunehmen, ist eine Frucht vom Baum der Erkenntnis. Die Widersprüche sollten uns veranlassen, den Herrn und seine Weisheit und Einsicht zu suchen. Und nur dieses Suchen wird uns dazu bringen, aus dem Geist anstatt nach Vorschriften oder Gesetzen zu leben. Wenn wir dem Drang, alles in Formeln fassen zu wollen, widerstehen und zulassen, dass die Wahrheit sich im Spannungsfeld zwischen zwei Extremen befindet, fangen wir an, vom Baum des Lebens zu essen. Christsein bedeutet nicht, bestimmten Regeln zu folgen; Christsein bedeutet, mit Gott zu gehen.

Kapitel 18

# Der Sieg

*Zur Zeit jener Könige wird aber der Gott des Himmels ein Reich errichten, das in Ewigkeit nicht untergeht; dieses Reich wird er keinem anderen Volk überlassen. Es wird alle jene Reiche zermalmen und endgültig vernichten; es selbst aber wird in alle Ewigkeit bestehen.* *Daniel 2,44*

## Ägypten plündern

«Die Israeliten taten, was Mose gesagt hatte. Sie erbaten von den Ägyptern Geräte aus Silber und Gold und auch Gewänder. Der Herr liess das Volk bei den Ägyptern Gunst finden, sodass sie auf ihre Bitte eingingen. Auf diese Weise plünderten sie die Ägypter aus.» (Ex 12,35–36)

Nach vierhundert Jahren Sklaverei nahm Israel am Paschalamm teil und wurde so reich, dass es ihre kühnsten Vorstellungen überstieg. Wenn wir an Christus, dem wahren Paschalamm, teilhaben, haben wir in ihm das Recht, Töchter und Söhne Gottes zu werden, denen die Erde und alles, was auf ihr ist, gehört.

Und dennoch verblassen alle Reichtümer der Erde im Vergleich zu den geistlichen Reichtümern, die in Christus sind. Wie es auch in der Schrift heisst: «Wir verkündigen ... was kein Auge gesehen und kein Ohr gehört hat, was keinem Menschen in den Sinn gekommen ist: das Grosse, das Gott denen bereitet hat, die ihn lieben.» (1 Kor 2,9) In Christus erben wir in der Tat grössere und vor allem unvergänglichere Reichtümer, als wir uns je vorstellen können.

Israel verliess Ägypten schwer mit Reichtümern beladen, aber Gott führte sie nicht zum nächsten Basar, um dort alles wieder auszugeben. Er führte sie in die Wüste, wo sie keinen einzigen Pfennig ausgeben konnten! Aber in der Wüste konnten sie ihren Reichtum in etwas investieren, das viel wertvoller war als alles, was sie in der Welt jemals hätten kaufen können. Dort konnten sie die Stiftshütte erwerben, den Ort, an dem Gott in ihrer Mitte wohnen wollte.

Heutzutage wird im Leib Christi viel über die Reichtümer gelehrt, die wir in Christus haben. Diese Lehre kommt zur rechten Zeit. Jahrhundertelang hat man den Gläubigen ihr Erbe in Christus vorenthalten. Man hat bedauerlicherweise viel zu lange den Schwerpunkt der Lehre auf materiellen Reichtum und viel zu wenig auf die ewig bleibenden Reichtümer gelegt. Diese Verblendung erinnert an Sklaven, die eines Tages plötzlich Könige geworden sind. Wir sind aus Ägypten befreit worden, das ist richtig. Aber dieses Ägypten lebt in uns und ist in vielen seiner Ausprägungen noch nicht aus unserem Leben vertrieben worden. Es ist ermutigend, dass heute viele damit beginnen, diese auf das Materielle beschränkte Mentalität abzulegen und die unvergleichlichen Reichtümer in Christus ins Auge zu fassen.

«Gepriesen sei der Gott und Vater unseres Herrn Jesus Christus! Er hat uns gesegnet mit jeder *geistlichen Segnung* in der Himmelswelt in Christus.» (Eph 1,3; Revidierte Elberfelder Bibel)

Wenn wir die *geistlichen Reichtümer* erkennen, die wir in Christus haben, verlieren alle *materiellen Reichtümer* ihre ursprüngliche Anziehungskraft. Können Sie sich vorstellen, dass jemand, der eine Goldader entdeckt, durch die alle Nöte der Welt für immer gestillt werden könnten, weiterhin mit seiner Goldwäscherpfanne nach Nuggets sucht? Wir haben diese Goldader in der Person unseres Herrn Jesus. Warum kümmern wir uns dann noch um vergängliche Dinge? Weil wir ihn noch nicht wirklich so gesehen haben, wie er ist; wir haben nur einige Dinge über ihn herausgefunden.

Im Kapitel 11 des Hebräerbriefes (oft als das «Glaubenskapitel» bezeichnet) finden wir eine lange Liste grosser Triumphe des Glaubens. Dies sind wundervolle Zeugnisse der Treue Gottes gegenüber denen, die ihn im Glauben anrufen. Auch heute werden noch viele Leute auf genauso wunderbare Weise befreit. Aber vom letzten Teil des Kapitels wird selten Notiz genommen:

«Einige nahmen die Freilassung nicht an und liessen sich foltern, um eine bessere Auferstehung zu erlangen. Andere haben Spott und Schläge erduldet, ja sogar Ketten und Kerker. Gesteinigt wurden sie, verbrannt, zersägt, mit dem Schwert umgebracht; sie zogen in Schafspelzen und Ziegenfellen umher, Not leidend, bedrängt, misshandelt. Sie, deren die Welt nicht wert war, irrten umher in Wüsten und Gebirgen, in den Höhlen und Schluchten des Landes. Doch sie alle, die aufgrund des Glaubens (von Gott) besonders anerkannt wurden, haben das Verheissene nicht erlangt, weil Gott erst für uns etwas Besseres vorgesehen hatte, denn sie sollten nicht ohne uns vollendet werden.» (Hebr 11,35–40)

Diejenigen, welche eine «bessere Auferstehung» erlangen wollten, haben das Feuer nicht ausgetreten und die Mäuler der Löwen nicht verschlossen – sie haben nicht einmal ihre Freiheit angenommen! Sie lebten nicht in Palästen; sie lebten in Höhlen und Schluchten. Selbst der Herr hatte nicht einmal einen Ort, um sein Haupt niederzulegen (Mt 8,20). Wenn wir die geistlichen Reichtümer in Christus erkennen, wird es uns egal sein, wo wir leben. Wenn Jesus darin wohnt, wird eine Höhle prachtvoller sein als das grossartigste menschliche Bauwerk. Wenn wir in Jesus ruhen, kümmert es uns wenig, ob wir in einer Höhle oder einem Palast wohnen. Manche denken, es sei geistlicher, in ärmlichen Verhältnissen zu leben, und andere, dass es geistlicher sei, im Überfluss zu leben – aber beide haben Unrecht. Es geht darum, im Willen des Herrn zu sein und in unserer Hingabe an ihn treu zu bleiben. Ob wir nun im

Überfluss leben oder nur wenig besitzen, hat nichts mit Geistlichkeit zu tun.

Kain war der Vater derer, die irdisch gesinnt sind; er war der «Ackerbauer». Egal, wie geistlich jene Menschen, die «nach dem Fleisch» leben, dies zu tarnen versuchen, sie werden immer auf irdischen Reichtum aus sein. Das Reich unseres Herrn und seiner Erwählten ist nicht von dieser Welt. Die, die sein Reich suchen, sind heimatlose Fremde in dieser Welt. Sie haben hier keine Stadt, in der sie ihre Heimat gefunden haben; und sie versuchen auch nicht, sich eine solche Heimat zu bauen; sie halten Ausschau nach der Stadt, deren Schöpfer und Bauherr Gott ist.

Dieses Herz eines auf Erden geistlich Heimatlosen und geistlichen Wanderers kann man nicht dadurch bekommen, indem man sich entsprechend verhält! Diejenigen, welche das «nicht von dieser Welt sein» als einen Selbstzweck betrachten und außerdem noch glauben, dass sie deshalb geistlich sind, werden oft zu traurigen Beispielen geistlicher Unfruchtbarkeit. «Er ist das Ja zu allem, was Gott verheissen hat.» (2 Kor 1,20a) Gottes Verheissungen sind Positiva, keine Negativa. Der Grund, warum man einige der weltlichsten und ungeistlichsten Menschen in Klöstern und abgeschlossenen geistlichen Kommunitäten findet, liegt darin, dass sie dies nie verstanden haben. (Das soll keinesfalls heissen, dass alle Menschen in solchen Gemeinschaften so sind.) Ein wirklich geistlicher Mensch hat diesen Lebensstil gewählt, weil sein Herz so sehr von den Dingen des Geistes fasziniert und ergriffen worden ist, dass er ganz einfach keine Zeit und kein Interesse mehr für die Dinge der Welt hat. Wenn wir erst einmal die geistlichen Reichtümer in Christus erkannt haben, dann könnte man ein Wiederaufflammen unseres Interesses für die Dinge der Welt mit einem Milliardär vergleichen, der für einen Hungerlohn die Strasse kehrt. Diejenigen, die immer noch an den weltlichen Vergnügungen hängen, haben die Liebe des Vaters noch nicht erlebt und empfangen (vgl. 1 Joh 2,15). Paulus schrieb dies auch den Kolossern:

«Wenn ihr mit Christus gestorben seid und euch von den Elementen der Welt losgesagt habt, warum lasst ihr euch dann, als würdet ihr noch in der Welt leben, vorschreiben: Berühre das nicht, iss nicht davon, fass das nicht an! Das alles wird verbraucht und dadurch vernichtet. Menschliche Satzungen und Lehren sind es. Man sagt zwar, in ihnen liege Weisheit, es sei ein besonderer Kult, ein Zeichen von Demut, seinen Körper zu kasteien. Doch es bringt keine Ehre ein, sondern befriedigt nur die irdische Eitelkeit.» (Kol 2,20–23)

Echte Geistlichkeit bedeutet nicht, dass wir gegenüber der Welt und ihren Anliegen eine Abneigung empfinden müssen, sondern dass in uns für die Dinge des Geistes und die Interessen unseres Herrn eine verzehrende Liebe brennt. Diese Liebe und diese Leidenschaft kann nur dann wachsen, wenn die Augen unseres Herzens geöffnet worden sind. Erst dadurch werden die Dinge des Geistes für uns realer als alles, was wir nur mit den Augen unseres Verstandes sehen.

## Das Schwingen der Garbe

Als Höhepunkt des Paschafestes bestimmte der Herr den Teil des Festes, den man «*das Schwingen der Garbe* der Erstlingsfrüchte» nennt (vgl. Lev 23,9–15). Man feiert dieses Fest zu Beginn des Frühlings, wenn die ersten Schösslinge der kommenden Ernte gerade dabei sind zu spriessen. Am Morgen nach dem Paschasabbat brachte man dem Priester eine Garbe dieses ersten Anzeichens der kommenden Ernte, und er schwang sie vor dem Herrn hin und her. Als dieses Ritual nach dem Paschafest der Kreuzigung unseres Herrn vollzogen wurde, brach Jesus aus seinem Grab aus! Jesus war die Garbe der Erstlingsfrüchte der Auferstehung, welche genau zur selben Zeit als Anzeichen der kommenden grossen Ernte vor dem Herrn hin und her geschwungen wurde. Damit erfüllte er das vollkommen, was die Israeliten symbolisch taten.

Es ist schon interessant, dass Abrahams Wahl einer Grabstätte für seine Familie mehr Raum in der Schrift einnimmt als so wichtige Themen wie Wiedergeburt oder Gemeindeordnung. Isaak und Jakob bestanden darauf, dort beerdigt zu werden; und Josef liess die Söhne Israels schwören, seine Gebeine von Ägypten heraufzutragen und ihn dort zu beerdigen. Die Frage, warum es den Urvätern so wichtig war, wo sie begraben werden würden, bleibt uns so lange ein Rätsel, bis wir im Matthäusevangelium folgende Verse lesen:

«Jesus aber schrie noch einmal laut auf. Dann hauchte er den Geist aus. Da riss der Vorhang im Tempel von oben bis unten entzwei. Die Erde bebte und die Felsen spalteten sich. Die Gräber öffneten sich, und die Leiber vieler Heiligen, die entschlafen waren, wurden auferweckt. *Nach der Auferstehung Jesu* verliessen sie ihre Gräber, kamen in die Heilige Stadt und erschienen vielen.» (Mt 27,50–53)

Die Grabstätte, die Abraham für seine Familie ausgewählt hatte, lag ganz in der Nähe von Jerusalem. Abraham war ein Prophet, der die Auferstehung Jesu vorausgesehen hatte, denn der Herr selbst sagte: «Euer Vater Abraham jubelte, weil er meinen Tag sehen sollte. Er sah ihn und freute sich.» (Joh 8,56) Abraham und diejenigen seiner Angehörigen, welche diese Vision ebenfalls hatten, hatten Vorsorge getroffen, um bei der ersten Auferstehung dabei zu sein!

Den Urvätern ging es nicht so sehr darum, wo sie beerdigt werden würden. Ihnen ging es darum, wann sie auferweckt werden würden. Menschen, die eine Vision haben, treffen sowohl dafür Vorsorge, wie sie sich begraben lassen, als auch dafür, wie sie auferweckt werden. Wenn wir mit Christus begraben worden sind, werden wir auch mit ihm auferstehen (Röm 6,5).

Jeder Christ ist dazu berufen, ein Märtyrer zu sein – jeden Tag! Indem wir unser Leben hingeben und uns mit ihm begraben lassen, haben wir jeden Tag die Möglichkeit, für unsere Auferstehung vorzusorgen. Weil er diese in die Ewigkeit reichende Sicht der Dinge hatte, gab einer der grössten Männer aller Zeiten dem Volk Gottes seine wohl wichtigste Ermahnung:

«Denn die Beschnittenen sind wir, die wir im Geist Gottes dienen und uns in Christus Jesus rühmen und nicht auf irdische Vorzüge vertrauen. Ja noch mehr: ich sehe alles als Verlust an, weil die Erkenntnis Christi Jesu, meines Herrn, alles übertrifft. Seinetwegen habe ich alles aufgegeben und halte es für Unrat, um Christus zu gewinnen und in ihm zu sein. Nicht meine eigene Gerechtigkeit suche ich, die aus dem Gesetz hervorgeht, sondern jene, die durch den Glauben an Christus kommt, die Gerechtigkeit, die Gott aufgrund des Glaubens schenkt. Christus will ich erkennen und die Macht seiner Auferstehung und die Gemeinschaft mit seinen Leiden; sein Tod soll mich prägen. So hoffe ich, auch zur Auferstehung von den Toten zu gelangen.

Nicht dass ich es schon erreicht hätte oder dass ich schon vollendet wäre. Aber ich strebe danach, es zu ergreifen, weil auch ich von Christus Jesus ergriffen worden bin. Brüder, ich bilde mir nicht ein, dass ich es schon ergriffen hätte. Eines aber tue ich: Ich vergesse, was hinter mir liegt, und strecke mich nach dem aus, was vor mir ist. Das Ziel vor Augen jage ich nach dem Siegespreis: der himmlischen Berufung, die Gott uns in Christus Jesus schenkt.» (Phil 3,3.8–14)

Die Worte des Paulus «eines aber tue ich» spiegeln seine Zielstrebigkeit wider. Wenn unser Auge, unsere Vision, ebenso auf dieses einzige Ziel ausgerichtet ist, wird unser ganzer Leib voller Licht sein. Und nur dann werden wir die wahre Kraft der Auferstehung und das wahre Auferstehungsleben kennen lernen.

## Weiteres aus dem Schleife Verlag

### Rick Joyner
# Der apostolische Dienst

In diesem wegweisenden Buch über die Grundstrukturen einer apostolischen Kirche spricht Rick Joyner die zentralen Kernfragen an, wie z. B. Wer ist ein Apostel? Gibt es heute Apostel? Welches ist ihr Auftrag? Welche Autorität haben sie? Wie erkennen wir falsche Apostel? Wie wird die apostolische Kirche der Zukunft aussehen? Dabei macht Rick Joyner eines immer wieder klar: Es geht bei dem apostolischen Dienst nicht um Titel oder eigene Ehre, sondern vielmehr um Gottes Vision für seine Gemeinde, um leidenschaftliches Ringen für sein Reich, aber auch um die Bereitschaft, das eigene Leben dafür hinzugeben. „Unter Wehen", wie der Apostel Paulus von seinem eigenen Dienst schreibt, soll mitten in unserer Welt eine Gemeinde Gottes geboren werden, in der Christus sichtbar Gestalt gewinnt.

Sind wir uns dieser apostolischen Grundlagen erst einmal bewusst, bekommt unsere ganze Arbeit im Reich Gottes eine völlig neue Dimension (Epheser 4,13).

**ISBN 978-3-907827-47-5**

## Weiteres aus dem Schleife Verlag

## Rick Joyner

### Der letzte Aufbruch / Teil 1

Rick Joyner schildert den letzten Kampf zwischen Licht und Finsternis. Es ist eine breitangelegte Vision der geistlichen Auseinandersetzungen, die auf die Gemeinde Jesu zukommen. Im Zentrum stehen die kommende Herrlichkeit Gottes und die Kraft des Kreuzes.

**ISBN 978-3-907827-00-0**

### Der Ruf / Teil 2

Dieses Buch ist die Fortsetzung des Buches „Der letzte Aufbruch" und führt in einer weiteren Tiefe zu dem, was auf dem Herzen Gottes ist. Es ist ein Aufruf, in der Herrlichkeit des Sohnes Gottes zu leben und alles hinzugeben für das Evangelium hinzugeben.

**ISBN 978-3-907827-04-8**

### D,ie Fackel und das Schwert / Teil 3

Dieses Buch ist die Fortsetzung von „Der letzte Aufbruch" und „Der Ruf". Die Botschaft richtet sich an Menschen, die bereit sind, „Die Fackel und das Schwert" in die Hand zu nehmen, mit Mut und Ausdauer für die Wahrheit und Gerechtigkeit Gottes einzutreten.

**ISBN 978-3-907827-39-0**

## Weiteres aus dem Schleife Verlag

### Rick Joyner

**Ein festes Fundament in 50 Tagen**

In diesem Andachtsbuch entfaltet Rick Joyner Schrift für Schrift den Plan Gottes, wie er in den ersten Kapiteln der Bibel gültig für alle Zeiten niedergelegt ist. Ein wunderbar klärendes und glaubensstärkendes Buch, das uns ein festes Fundament für unser Leben vermittelt, uns näher an das Herz Gottes bringt und uns in seine Pläne einbezieht.

**ISBN 978-3-907827-11-6**

**Eine wachsende Vision in 50 Tagen**

Eine geistliche Vision ist notwendig, um im Reich Gottes wirksam zu werden. Dieses Andachtsbuch soll Ihnen dabei helfen, innerhalb von fünfzig Tagen die Augen Ihres Herzens zu öffnen. Es geht darum, dass Sie die Realität der geistlichen Welt klar erkennen und dadurch mit dem Herzen Gottes eins werden.

**ISBN 978-3-907827-18-5**